発達障害のある子の自立に向けた支援

小・中学生の時期に、本当に必要な支援とは?

萩原　拓　編著

金子書房

目次

第4章 自立に向けて学校でできる支援

第5章 思春期・青年期における支援の実際

本書は、『児童心理』二〇一三年十二月臨時増刊
「発達障害のある子の自立に向けた支援」に、大幅な加筆・修正をし、再構成したものです。

第1章

総論・
発達障害のある子の
将来の自立を見据えた支援とは

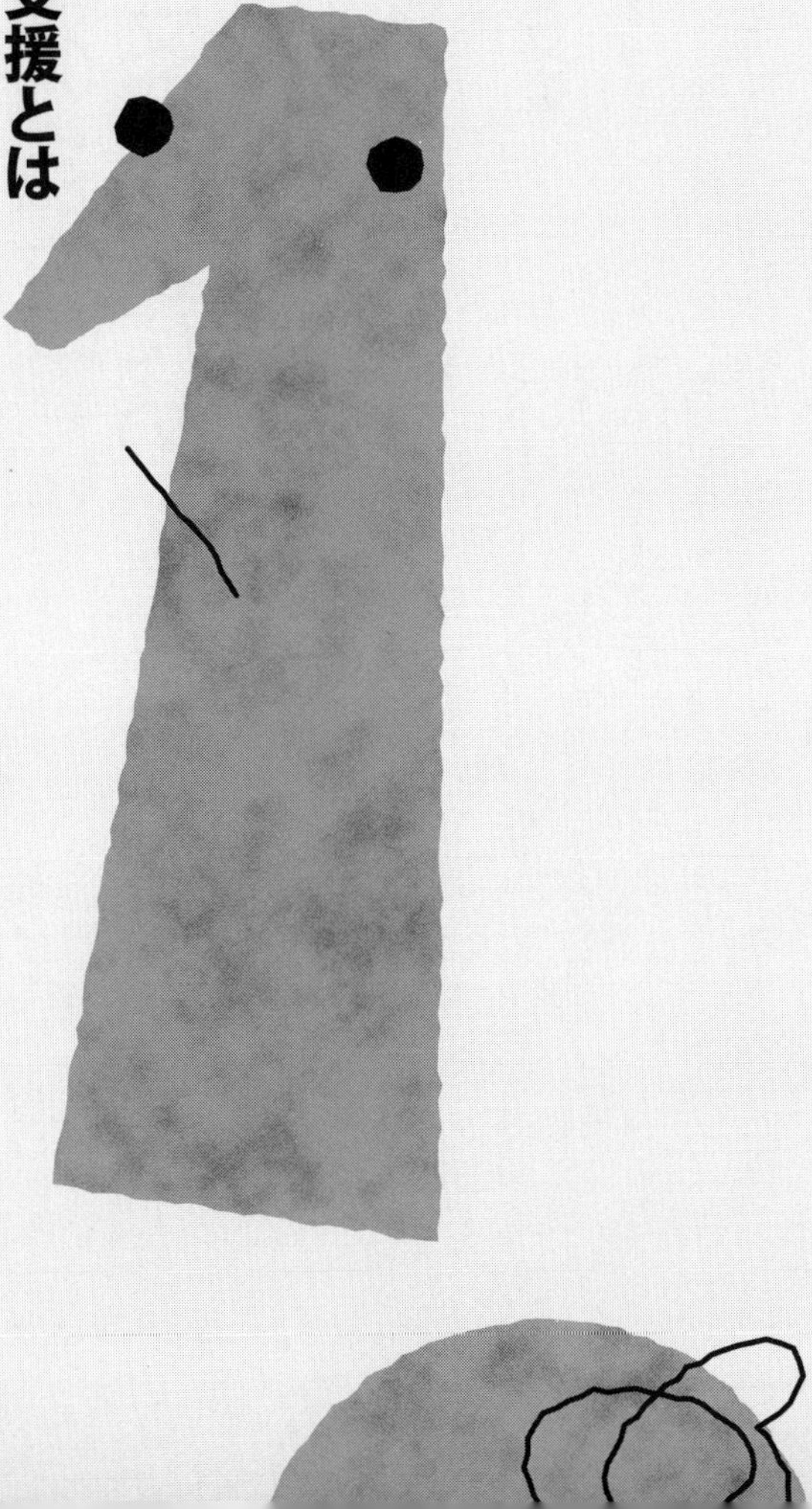

「自分なりの自立」につながる支援のために

萩原《はぎわら》　拓《たく》

1　発達障害の特性に対する支援

　発達障害の支援をライフステージで展望するとき、個人の特性を理解し、その特性に合わせた支援を継続していくことが一つのキーポイントとなる。さて、この個人の特性および困難をどのようにとらえていけばよいのだろうか。乳幼児期から成人期までの幅広い年齢層の発達障害のある人々との関わりから感じていることであるが、本人が持つ特性は、発達障害の特性も含めて大人になるまでそう劇的に変化しないと思われる。このことは誰にでも当てはまることで、乳幼児期の性格が成人期まで残っていることと同じである。幼なじみに久しぶりに会ったとき、年齢による相手の姿の変化に驚くことはあるが、しばらく話していると相手が昔ながらの性格を残していることに気づいてほっとすることはよくある。

　乳幼児期、学齢期、青年期、成人期とそれぞれのステージで本人が経験する困難にはさまざまなものがある。しかし、本人の特性がライフステージを一貫してそう変化しないとなると、この多種多様に見える困難は、本人のそのときの年齢に相応した社会的期待およびその時代の価値観などが本人の特性とぶつかって多様化すると考えられる。例えば、相手の喜怒哀楽を読み取ることが難しい場合、学齢期では「お友だちの気持ちを考えなさい」と注意されたり、両親や先生の意図と反したことをしてしまって怒られたりすることもあるだろう。その特性が青年期以上になると、異性とのトラブルに発展することもある。相手の「いや」という拒否感情を表すふるまいに気づかず、自分の気持ちを押し通してしまう。ここで過剰に行動をしてしまうと、本人が意図せずとも触法行為に発展する問題となることもある。結局、本人の特性に対して何も働きかけがなければ、各ライフステージでさまざまな困難に出会うことになる。では、支援実践にあたって何が重要な焦点となるのだろうか。

2 自分自身をできるだけ客観的に理解すること

発達障害のある子どもたちにとって、自己認知は大きな課題である。自分のことを自分なりに評価していることと、家族を含めたまわりの人々がその本人を評価していることに大きなズレがあることは珍しいことではない。自分がなぜ他人からほめられているのか、または注意されているのか、よくわからないままその場を通過してしまっていることはよくあることで、このことは同時に、経験から学習するという機会を逃してしまっていることを意味する。

自分の格好について気にしないというケースは発達障害のある子どもたちによく見られるが、この原因のひとつに鏡や映像を介して自分を見るという習慣が欠けていることがある。実際に、学齢期から成人期までの支援で、本人に「ふだんの生活で鏡を見るか」とたずねると、多くの場合「見ない」という答えが返ってくる。また、筆者はビデオセルフモニタリングという、自分が映っている動画を自分自身で見ることで、人工的に自分を客観視するという試みを支援場面で使うことがあるが、この方法の導入段階で自分の映像を見ることを極端に恥ずかしがったり、拒否をしたりする本人は少なくない。しかし、自分の映像を見ることに慣れるに従って、自分自身の格好やふるまいに対して客観的に指摘することができるようになり、自己修正もできるようになる機会が増えてくる。

特別支援教育における個別の支援計画では、「できること・得意なこと」と「苦手なこと・助けを必要とすること」などに、子ども本人の特性を整理して記入する。これは、支援側にとって子どもの特性を理解する、また支援計画をたてる上で必要な手続きであるが、この整理した内容を子ども本人にも理解させるような手だても必要であろう。アメリカの個別教育支援計画（ＩＥＰ）では、計画策定に可能な限り子ども本人の参加が求められており、支援計画を承認する本人の署名も求められる。子どもの発達レベルにもよるが、高機能発達障害の中高生は自分が今どのような状態にあるのか説明を受け、またうまくいっていることを維持し、懸念されることを改善するための支援案を提示される。そして子ども自身の希望などを聞き、支援者側と本人が支援計画の微調整をしていく。この過程の利点はいろいろあると思うが、何よりも子ども本人の自己認知の促進に役立つと思われる。

さて、自己認知支援はいつから始めたらよいのだろうか。他者も認める自分のよいところに気づいていくことと、自分の苦手なことや限界を知ることは、乳幼児期からでも支援が可能である。動物の名前をたくさん知っている子どもは、工作の時間に動物園をみんなで作るという場面において、一方的に本人が出しゃばるのではなく、子どもたちみんなに大いに協力するというかたちを指導者が演出し、本人にも具体的に理解できるようなフィードバックをすることで、成功体験とともに自分の長所に気づくかもしれない。また、折り紙のような巧緻運動を求められる作業が苦手な子どもは、作業中ぼーっとしたり、かんしゃくを起こしたりすることもある。ふだんから、折り紙のような巧緻運動を含む遊びをするときに、「手順がわからない」や「うまくいかない」という状況を子どもに気づかせることを下準備として行っていく。当然のことながら、子どもが自分でなんとかできるように、ふだんの練習、手順の具体的提示や、教材の工夫も必要である。しかし、このような苦手場面で子どもに獲得してもらいたいスキルは、困っていることを子ども本人が気づくことであり、必要なら助けを求めることである。職場において、自分の能力以上の仕事を引き受けてしまって処理しきれなくなるまでそのままにしておいたり、作業が滞ってしまっているのに上司の指示を仰ぐことをしないでいたりするケースは、自分が今どの状況にあるのかわからないことが根本的原因である。一方、発達障害である診断名を自己認知が十分でない本人が知る場合、診断名と、自分で思っている実際が一致せずに大いに葛藤してしまうことも多い。つまり、これまでの自分の人生について、そしてこれからの自分の進むべき方向について納得することができないのである。

どのライフステージにおいても自己認知は重要であり、年齢や発達レベルに応じた支援は可能である。いかなる支援手段でも、その過程で本人がどのように自分自身を見ることができるか、必要ならばどのようなかたちで本人が理解できるフィードバックが可能なのかという点に注意をおくべきだと思われる。

3 生きるために

適応行動（適応スキル）とは、日常生活に必要なスキルであり、セルフケア、ソーシャルスキル、学習スキル、余暇スキルなど、さまざまなスキルを含んでいる。高機能発達障害における知的機能と適応行動のアンバランスはこれまでの臨床事例や調査研究において指摘されていることであり、知的機能に比べ適応行動のレベルが低い場合、学齢期を過ぎたあたりで顕著な生活上の困難が示されることが多い。発達障害の就労支援では、仕事をするのに必要なスキル、特にソーシャルスキルなどが中心となると思われがちだが、実際には、支援セッションを継続していくだけの生活スキルが支援開始時の課題になることが少なくない。通園・通学をしている時期は、少なからず具体的に決められたスケジュールやルーチンで行動することが可能であるが、学年が上がるに従って自分で行動しなければならない時間は増えていく。学齢期を過ぎると、自分で行動する割合は飛躍的に増加し、就労条件によっては一人暮らしを始めなければならないこともある。

自分で生活リズムをつくり、ある程度の家事をこなしていかなければならない機会は、定型発達を含め多くの人々の人生にとって一つの大きなハードルとなる。発達障害の特性を持つ人々の場合、マニュアルなどを見て生活スキルを身につけることはできる。しかし、彼らにとって苦手な、曖昧なとらえ方を求められることが日常生活には多く、また日々の成功や失敗から学習していくということが困難であることも生活に影響する。これらは、微妙な変化を必要としない極度に単調な食生活や家事、またはできる限り何もしない生活状態にもつながる。また一方、卒業後も家庭で生活を続ける場合は、これまで通り保護者が本人の生活の大部分を担うこともある。

いずれの場合にしろ、青年期を迎えるまで日常生活スキルを重視した支援が実践される機会はそう多くはない。しかし、現在の青年期・成人期の支援現状からもわかるように、適応行動の支援ニーズは普通学校に通っていた人ほど高く、乳幼児から青年期に至るライフステージで適応行動支援を重視しなければならないのは明らかである。この場合、まず重要なことは適応行動のアセスメントが適正に行われることであり、ウェクスラー検査のような標準化尺度による適応行動のアセスメントが今後の発達障害特性のプロフィール作成には不可欠になる。また、家庭はもとより保育や教育現場の特別支援にいかに適応行動を組み入れていくかが大きな課題となる。このことは、特別支援教育の成果を青年期以降に評価するにあたって重要なポイントになるだろう。

4 連続性のある支援

　早期支援が発達障害のある子どもたちの将来の適応にとって有効であることは、すでに多くの文献や研究によって明らかにされていることである。ここでおさえておきたいポイントは、効果が見られた支援はそのまま維持していくことである。支援がうまくいったということは、本人の特性が環境適応するために必要な手段が支援によってカバーされたということであり、その支援の構成要素は本人の特性に合っているということでもある。幼稚園や保育園で効果のあった支援方法は、小学校に進学しても効果が期待できる。

　例えば、幼稚園で課題移行と予定変更への対応が難しい子どもに、写真を使った視覚的スケジュールを試してみたところ、効果があったとする。この子どもにとっては、具体的に並べられた予定がわかりやすく、また自分の手でそれぞれの予定を並べ替えることによって予定変更に対して納得できたのかもしれない。まさにこれらがこの子の特性であり、小学校以降でもこの特性はおそらく維持されるだろうと推測できる。同時に、就学してからますます複雑化する学校およびその他の場面におけるスケジュール管理には、このような視覚的かつ具体的操作が可能なツールが有効であろうことはほぼ確実であろう。つまり、乳幼児期の支援はそのまま継続した方がよいということである。ここで大切なことは、いつまでも同じ支援様式を維持するのではなく、子どもの発達レベルや年齢、好みや興味に合わせて進化させていくことである。さらに、中高生になるとタブレットやスマートフォンのアプリケーションを活用したものに移行することも考えられる。このように、形態は変化しても同じ仕組みの支援は大人になっても生活に必要なツールとなる。

自立に向けて、他者からの支援の割合は段階的に減少していくことが望ましいが、「何もなくても大丈夫」という状態には無理があると思う。視力の矯正が必要な人が眼鏡やコンタクトレンズをするのと同様に、「あれば適応できる」ようになれば十分生活できる。例えば当たり前のことと思われていて具体的に教えられることの少ない暗黙のルールに対しては、子どもの頃から困った経験をするたびに保護者や先生などから教えられて書き留めた自分なりのルールブックを携帯し、適宜読み返すことで青年期以降も対処していけることもあるだろう(1)。

ライフステージで一貫性のある支援を維持することと平行して、支援継続についての精査も重要である。発達障害においては、「本当にできないもの」は努力を重ねても定型発達のようにはできないのである。よって学齢期では特に、どの支援を将来のために維持していくか、支援計画の修正を早めに行っていく必要がある。「できないこと」に費やす時間よりも「できることによってできないことをカバーしていく」ことに費やす時間を優先していかなくてはならない状況は、学年が上がるごとに緊迫していく。

一例として、発達障害のある子どもたちの中には、書字が苦手な子が多い。しかし、現在のところ、書字は授業や進学における評価のために必要なアウトプット手段である。判読可能な文字を書くことに多くのエネルギーを使わなければならない子どもにとっては、自分の考えたことや思いが頭の中ではでき上がっていても、書字というアウトプット段階でその考えを限られた時間や紙面に十分に表現できないこともある。同様なことは読字に関しても言える。扱わなければならない情報の種類や量が進級・進学するたびに増加していくなか、本人が使える情報のインプットおよびアウトプットの方法を特定し、そのやり方で情報の処理、つまり学習をさせていくということは、特別支援教育において安定した就労のためにも検討していかなければならない喫緊の課題であろう。

5 自分なりの自立のために

自分の子どもについての診断を受け入れ、将来への方向性がある程度定まるようになるまで葛藤し苦労した保護者からは、「みんな（定型発達）と同じようにならなくてもいい。ちょっと変わっていても、本人が安心して自立した生活ができれば」という考えを聞くことが多い。通常の保育や学校現場では、「みんな」というものが一つの基準と考えられがちであるが、この基準のみで発達障害の子どもたちを支援すると、かれらに「定型発達のふり」をすることを教えてしまうこともある。演技をし続けることによって得られた社会適応は、自分なりの自立につながらない。「自分らしさ」は、だれにとっても維持していかなければならないものであり、青年期以降の安定にも不可欠である。また、将来につながる支援では、目標のスキルを本人が獲得することは当然であるが、そうふるまうことに納得していることが重要なポイントとなる。ここでは、いわゆる「ふつう」にふるまうことを目標とせず、自分でコントロール可能な程度の行動が実生活で長く使えるスキルとなる。

近年日本でも紹介されてきているセルフアドボカシーとは、人が生きていくために自分に何が必要かわかっていることであり、その必要性を満たすための環境のコントロール、また物資や支援を得る手だてを知っていることである(2)。このためには、これまで述べてきた自己認知をはじめとする、将来に向けた連続性のある支援が必要である。早期発見・早期支援はもちろん重要であるが、どのライフステージから始めてもよい。「自分なりの適応」そして「自分なりの自立」ということにつながるような支援は、すべての発達障害のある人々にとって必要である。

〔引用文献〕

(1) B・S・マイルズ／M・L・トラウトマン／R・L・シェルヴァン（著）、萩原拓（監修）、西川美樹（訳）『発達障害がある子のための「暗黙のルール」』明石書店、二〇一〇

(2) Shore, S. (n.d.). Helping Your Child to Help Him/Her Self: Beginning Self-Advocacy. Retrieved October 10, 2013, from http://www.autismasperger.net/writings_self_advocacy.htm

第2章

発達障害の基礎知識・最新情報

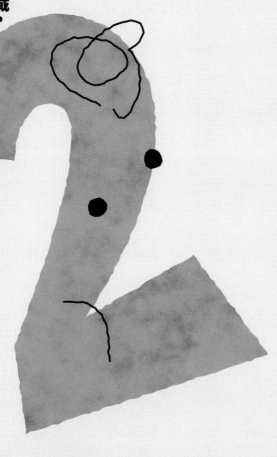

1 発達障害の診断基準

——ＤＳＭ-５を中心に

内《うち》山《やま》登《と》紀《き》夫《お》

1 なぜ診断が必要なのか？

まず、なぜ診断が必要なのかについて、発達障害の中核である自閉症スペクトラム障害（Autism Spectrum Disorder、以下ＡＳＤ）（※注）を中心に解説する。

(1) 支援のための診断

診断の重要な目的は治療方針を決定するためである。ＡＳＤの症状は多様である。例えば言葉の遅れが生じるのはＡＳＤだけではない。知的障害でも難聴でも言葉の遅れは生じる。同じ言葉の遅れでも難聴とＡＳＤでは支援の方法が違う。適切な支援を行うためには適切な診断が必要な所以である。難聴であれば補聴器や人工内耳、手話などの支援手段をとるだろう。ＡＳＤの場合は聴力障害ではなく認知障害であるから、認知障害を想定した支援方略をとることになる。診断は支援方略をプランするときに、どのような方略をとるかの根拠になる。

さらに診断を下すことで、その障害のさまざまな特徴が明らかになる。ＡＳＤと診断すれば、合併しやすい障害がわかる。知的障害を伴うＡＳＤにはてんかんが合併しやすいし、高機能のＡＳＤは思春期以降に抑うつや不安状態になりやすいことがわかっている。診断を下すことで、合併しやすい障害についても予測し、もし合併すれば早期に治療することが可能になる。

もう一つ重要なことは予後予測である。予後とは、今の障害特性がどのように今後変わっていくかという情報である。ASDは基本的に生涯にわたって継続する障害であることがわかっている。したがって支援者は、ASDの特性は、発達や支援によって改善する可能性は十分にあるものの、基本的な特性は生涯継続することを前提に、支援プランをたてなければならない。

(2)情報共有のための診断

誰かがASDとかアスペルガー症候群などの診断名を言ったとき、それを聞いた他者が同じ特性をもったグループの人を思い浮かべないと診断名の意味がない。医師や教師などの専門家や親たちが、それぞれの経験を伝え合ったり支援ニーズについて検討したり、ASDに関する経験を集積して、他のASDの人たちに役立てたいと思う場合にASDの定義が人によって違うと困る。親の会とかきょうだい会などはASDの家族という共通項が会を作る要件である。ASDの意味が人によって違っていては会を作る意味があまりないだろう。

(3)公的サービスを受けるための診断

ASDと診断された場合、ASD特有の不自由さがある。例えば、対人交流がうまくいかず孤立的になったり一方的になったりする、急な変更が苦手であるとか、感覚が過敏であるとかの行動特徴は子どもではASDに比較的、特異的（ASD以外の障害では少ない）である。ASDでは他の障害とは異なった障害特性を考慮したサービスが必要になる。

ASDの障害特性は他の障害よりわかりにくい。例えば、運動障害のために歩行ができない子どもに個別の移動サービスを提供することは行政も理解しやすいが、奇声をあげたり感覚過敏があるために公共交通機関が実質的に使えないASDの子どもにも移動サービスが必要であることは、行政や一般の人には理解しにくい。ASDの障害特性を行政などの他者に理解してもらうことが重要である。

ASDは生涯にわたる障害であるから支援サービスも幼児期や学童期だけでなく成人期や老年期まで含めたサービスが必要である。ASDに特化した社会資源が充実するように運動するための出発点としても診断は重要である。

2 二つの診断基準 DSMとICD

国際的に使用される診断基準にはDSMとICDがある。DSMはアメリカ精神医学会が規定している診断基準であり、ICDは国際連合の組織である世界保健機関の診断基準である。日本の厚生労働省はICDを使用している。二〇一三年五月にDSM-Ⅳ-TRからDSM-5に改訂された。DSMによる診断は操作的診断基準と呼ばれ、いくつかの特徴的な行動特性を記述し、そのうち何項目以上があてはまれば自閉症、自閉症スペクトラム障害と呼びましょうというのが基本的な考え方である。障害の原因や医学的・心理学的特性を研究する際、医学的・心理学的治療法を検討するような研究をする際には、対象となる特定のグループ(「臨床単位」と呼ばれる)の同定と、そのグループの認知特性や行動特性がある程度一致していること(均質性と呼ばれる)、医師などの専門家間で同じグループをイメージできること(再現性と呼ばれる)が必要である。DSMの診断体系は異なる場で集められたデータを比較し、研究者・臨床家間のコミュニケーションを促すことが目的の一つで、現在に至っている。そこで自閉症の人たちが呈しやすい行動特徴をいくつか記載し、そのうち何項目があてはまると自閉症と呼びましょうと取り決める方が、人によって自閉症の範囲が異なる可能性が少ないと考えた人たちがいた。それが現在のDSM-5につながっている。

では、DSMを適用した場合、自閉症はどのように診断するのだろうか? DSM-5の自閉症スペクトラム障害の診断基準を表1(一四・一五頁)にあげた。

3 DSM-5では、何が変更されたか?

DSM-5では、発達障害全般で診断基準の変更があった。

(1)自閉症スペクトラム障害(ASD)

ASDの診断基準が大幅に変更された点が注目される。主な変更点は次の四点である。

①広汎性発達障害という用語が廃止された。

②アスペルガー障害という用語も使われなくなっ

た。

③ＤＳＭ‐Ⅳ‐ＴＲまでは「社会性」、「コミュニケーション」、「こだわり」の三領域で診断されていたのが、「コミュニケーションと社会性」（ＤＳＭ‐５の用語では「対人コミュニケーションおよび対人的相互交流」）と「こだわり」（ＤＳＭ‐５の用語では「限局された反復的な行動や興味、活動」）の二領域で診断されるようになった。つまり、ＤＳＭ‐Ⅳ‐ＴＲまでの対人交流障害とコミュニケーション障害が一つの領域にまとめられた。

④そして感覚の問題は今までは診断基準に含まれてこなかったが、「こだわり」の領域に感覚過敏／鈍麻というこれまで診断基準に含められていなかった項目が含められた。

さらに関連する障害として「社会的（語用論的）コミュニケーション障害：Social (Pragmatic) Communication Disorder」が新たに採用された。

(2) 注意欠如多動性障害（ＡＤＨＤ）

ＡＤＨＤに関してはＡＳＤのような大幅な変更はなかった。ＤＳＭ‐Ⅳ‐ＴＲでは症状の出現が「七歳以前」とされていたのが「一二歳以前」に変更された。また、これまでは児童期も成人期も同じ基準が使用されていたが、成人期の診断基準が緩和された。これにより、成人期に注意欠如多動性障害と診断される事例は増えることが予想される。

また、これまではＡＳＤと注意欠如多動性障害の合併診断ができなかったが、ＤＳＭ‐５では合併診断が可能になった。

(3) 知的障害（Intellectual Disabilities）

これまで知的障害の重症度（軽度、中度、重度、最重度の四段階）を分類するのにＩＱ（知能指数）が用いられていたが、ＤＳＭ‐５ではＩＱではなく適応行動によって分類することになった。

(4) ＤＳＭ‐５の影響

アメリカではＤＳＭ‐５の草稿が発表された段階で、自閉症スペクトラムと診断される人の数が減るのではないかという議論が持ち上がった。ＡＳＤと診断されないことは、州によっては今まで受けられてきた公的サービスが受けられなくなるということになり、

C. 症状は児童期早期に存在しなければならない（しかし、周囲からの社会的要求が能力の限界を超えるまでは完全には顕在化しないことや、学習によって身についた方略によって隠されていることがある）。

D. 症状によって社会生活、職業、あるいは他の領域の現在の機能が臨床的に明白に障害されている。

E. これらの障害は知的障害（知的発達障害）つまり全般的な発達の遅れでは説明できない。知的障害と自閉症はしばしば合併する。自閉症スペクトラム障害と知的障害の重複診断を下すためには対人コミュニケーションの程度は全般的な発達の水準よりも重度でなければならない。

注：DSM-Ⅳの自閉症、アスペルガー障害、特定不能の広汎性発達障害に該当する場合は自閉症スペクトラム障害の診断を下すべきである。
対人コミュニケーションに明白な障害があるが、自閉症スペクトラムの診断に該当しない場合は、社会的（語用論的）コミュニケーション障害について評価されるべきである。

下記を特定せよ
知的障害の合併の有無
言語障害の合併の有無
医学的・遺伝的あるいは環境要因があきらかな場合
（コード上の注意：合併した医学的・遺伝的障害を特定するために、そのコードを付記する）
他の神経発達・精神・行動障害がある場合
（コード上の注意：合併した神経発達障害、精神・行動障害を特定するために、それらのコードを付記する）
カタトニアの合併（定義については精神障害を合併したカタトニアの診断基準を参照、pp.119-120〈原著〉）
（コード上の注意：合併したカタトニアの存在を示すために自閉症スペクトラム障害に合併したカタトニアのコード 238.89［F06.1］を付記する）

表1　DSM-5　自閉症スペクトラム障害の診断基準（内山訳）

DSM-5 自閉症スペクトラム障害　299.99［F84.0］　診断基準

A. 対人コミュニケーションおよび対人的相互交流の継続する障害で、現在および過去の様々な場面で以下の状態で現れる（例は参考のための記載で、網羅しているわけではない：テキスト〈略〉を参照のこと）：

1. 対人-情緒的な相互性の障害；その範囲は、例えば、異常な対人的接近や正常な発話の交換ができないことから、興味、情緒、感情を他者と共有することの乏しさ；対人的交流を開始すること、他者からの対人的交流に反応することの不全にまで及ぶ。
2. 対人的相互交流のために用いられる非言語的コミュニケーション行動の障害；その範囲は、例えば、言語と非言語的コミュニケーションがうまく統合されていないことからアイ・コンタクトやボディ・ランゲージの異常、表情や身振りの完全な欠如にまで及ぶ。
3. 対人関係を築くこと、維持すること、理解することの障害、その範囲は、例えば、多様な社会的状況で適切にふるまうために行動を調整することの困難からごっこ遊びの共有や友人をつくることが難しいこと、仲間への関心の欠如にまで及ぶ。

現在の重症度を特定せよ

重症度は対人コミュニケーションの障害と限局された反復的行動パターンに基づく（表2〈略〉を参照）

B. 限局された反復的な行動や興味、活動で、以下の少なくとも2つが現在あるいは過去にみられる（例は参考のための記載で、網羅しているわけではない：テキスト〈略〉を参照のこと）：

1. 常同的／反復的な運動、物の使用、あるいは会話（例：単純な常同運動、物並べや物を弾く、エコラリア、独特の表現など）
2. 同一性への固執、ルーチンへの頑なな固着、言語あるいは非言語的行動の儀式的パターン（例：些細な変化に対して極端な苦痛を感じる、変化に対する適応困難、固着した思考パターン、儀式的挨拶、毎日同じ道順を通ったり同じ食べ物を食べる必要がある）
3. 強度や集中の仕方が異常な程度に高度に限局的で固着した興味（例：変わった物への強い執着や没頭、極めて限局的あるいは固執的な興味）
4. 感覚刺激に対する反応性亢進あるいは反応性低下、あるいは環境の感覚的側面に対する異常なほどの興味（例：痛み／熱さ／冷たさに対する明白な無反応、特定の音や感触に対する嫌悪反応、過度に物の匂いを嗅いだり、触ったりすること、光や動く物体に魅惑される）

現在の重症度を特定せよ

重症度は対人コミュニケーションの障害と限局された反復的行動パターンに基づく（表2〈略〉を参照）

ＡＳＤの当事者や保護者にとっては大問題になる。まさに、前述の「公的サービスを受ける根拠としての診断」を巡る問題が持ち上がったのである。そのためもあってか、ＤＳＭ‐５には「ＤＳＭ‐Ⅳの自閉症、アスペルガー障害、特定不能の広汎性発達障害に該当する場合はＡＳＤの診断を下すべきである」という注が付け加えられたのであろう。このことはサービスの一貫性という点ではよいことかもしれないが、改訂をする理由が曖昧になったということも否めない。

その一方では、「対人コミュニケーションに明白な障害があるが、ＡＳＤの診断に該当しない場合は、社会的（語用論的）コミュニケーション障害について評価されるべきである」とされる。このような事例は従来、「特定不能の広汎性発達障害」とされてきた。また「社会的コミュニケーション障害」についての診断や評価、支援の方法については専門家の間でも十分な議論があるわけではなく研究蓄積も乏しいので、今後ＡＳＤとの鑑別を巡る混乱も予想される。

アスペルガー症候群（障害）が削除されたのは時期尚早であろう。アスペルガー症候群概念が普及してきて、従来自閉症と関連した障害として考えられることがほとんどなかった知的障害を伴わないＡＳＤが注目され、支援方法も議論されるようになってきた。従来の「しゃべらない」「孤立している」などの自閉症のイメージにそぐわないＡＳＤが認知されてきた背景にはアスペルガー症候群概念の浸透がある。ここで、アスペルガー症候群の用語が廃止されることで、いわゆる高機能例（知的障害を伴わないＡＳＤ）への支援が後退しないことを願うばかりである。

ＡＤＨＤについては診断基準が緩和されたので、ＡＤＨＤと診断される子どもや成人は増えることが予想される。特に成人期のＡＤＨＤは増えるだろう。またＡＳＤとの併記が認められたので、「ＡＳＤ＋ＡＤＨＤ」と診断される子どもや成人が増えるだろう。

4 まとめ

前述したように、ＤＳＭはアメリカ精神医学会の診断基準であり、日本では公的な診断基準としてはＩＣＤを使用している。ＤＳＭが改訂されたからといって直ちに重大な影響があるとは思えない。日本の子どもや成人が直接影響を受けるのは現在改訂作業中のＩＣ

Dであり、我々はＩＣＤ－11に向けて意見を表明していく必要がある。

〔引用・参考文献〕

(1) American Psychiatric Association (2000) *Diagnostic and statistical manual of mental disorders: Fourth edition, Text Revision.* (高橋三郎・大野裕・染矢俊幸（訳）『ＤＳＭ－Ⅳ－ＴＲ 精神疾患の診断・統計マニュアル』医学書院、二〇〇二)

(2) American Psychiatric Association (2013) *Diagnostic and statistical manual of mental disorders, Fifth edition.* Arlington, VA, American Psychiatric Association.

〔注〕

ＡＳＤの訳は自閉スペクトラム症か自閉症スペクトラム障害の両名が採用された。

2 脳やからだの特性と発達障害

鈴木《すずき》勝昭《かつあき》

1 はじめに

近年の脳科学研究の進歩に伴い、発達障害は脳の神経発達が定型的でないことにもとづく脳機能の障害によるものであるということが、ごく一般的な見解となりつつある。とりわけ、自閉症を中心とする社会性の障害を生来もつ発達障害のグループについての知見の蓄積はめざましく、自閉症の特徴をもちながら知的障害や言語発達の遅れがない者が多数存在し、その有病率は二〜三％に及ぶことが明らかになった。これまで広汎性発達障害と呼ばれてきたこのグループは、最新の国際診断基準ＤＳＭ-５では、自閉スペクトラム症（以下ＡＳＤ）と総称されることとなった。

ＡＳＤをもつ子どもの社会的困難さに対する根治療法はいまだなく、特別支援教育（療育）が唯一の「治療」である。療育的介入はその開始が早ければ早いほどよい。したがって、発達の可能な限り早期に、ＡＳＤの特徴を有することが予測できれば、療育の効果をより高め、よりよい社会適応へとつなげられるだろう。今日の支援者には、ＡＳＤの基盤にある脳機能の障害についての科学的理解が求められている。

我々の施設では、発達障害当事者と家族の会であるＮＰＯアスペ・エルデの会の協力を得て、ポジトロン断層法（以下ＰＥＴ）によりＡＳＤの脳機能の障害を可視化し、支援に役立てるための研究を行っている。

本稿では、ＡＳＤの脳科学的知見について展望した後、我々の研究成果について紹介させていただく。

2 ASDの遺伝学的知見

ASDの成因には遺伝と環境の両者が関与する。

自閉症の初期の疫学研究において、二卵性双生児や同胞間での発症一致率が一〇%に満たないのに対し、一卵性双生児のそれは九〇%にも及ぶことが示されたことから、自閉症の病態には環境よりも遺伝が大きく関与しているとみなされ、自閉症の遺伝研究は精力的に行われてきた。近年の大規模遺伝研究プロジェクト（国際共同研究）の結果から、染色体上の様々な部位、少なく見積もっても二〇以上の部位に、自閉症発症に素因として関わる遺伝子（感受性遺伝子）が存在するものと推測されている。そして、これらの部位に位置すると同定された感受性遺伝子のほとんどが、その異常により神経発達とシナプスの機能不全をもたらすことが、詳細な分子生物学的研究から明らかになっている。これらの知見を踏まえ、ASDに共通する生物学的基盤として、神経同士の情報伝達における障害を想定し、ASDを発達性神経離断症候群とみなす立場がある。

しかし、これらの遺伝研究から明らかなもう一つのことは、ASDの遺伝的多様性の高さと、新規突然変異（de novo mutation）の頻度の高さである。すなわち、ASDのほとんどは遺伝的多因子疾患であり、複数のありふれた遺伝子変異の組み合わせの結果として発症し、その組み合わせは個々のASD者で異なることが示唆される。

最近の比較的大規模な双生児研究では、双生児における自閉症およびASDの発症一致率には、遺伝情報よりも胎内環境の共有がより強く寄与している（寄与率にして、遺伝：環境＝35：55）ことが示された。この結果は、従来の環境要因よりも遺伝要因を重要視する立場に疑問を投げかける知見と言えるだろう。

3 ASDの病理組織学的研究

不慮の事故などで亡くなったASD児・者の脳を病理組織学的に調べる、いわゆる死後脳研究から、重要な所見がいくつか示されている。自閉症者の小脳は定型発達者に比べ小さく、小脳皮質ではプルキンエ細胞数が減少している。小脳は運動学習、特に協調運動のそれを担っているが、自閉症の小脳の異常はおそらく、自動化行動の困難さの基盤であるのだろう。大脳辺縁系、特に情動と記憶をそれぞれ司る扁桃体と海馬では、神経細胞が小さくかつ高密度に分布している。扁桃体は、情動調律や感覚情報の調節機能を担っており、ＡＳＤに認められる感覚処理における反応異常、興奮しやすい傾向、睡眠障害などの種々の生理学的異常が扁桃体の異常所見により説明されるかもしれない。大脳皮質では、神経細胞の樹状突起が減少し、ミニカラム構造そのものが縮小している。特に側頭葉下面に存在する紡錘状回では、神経細胞体の縮小と分布密度の低下があるという。これらは、先に述べた発達性神経離断症候群という観点と符合するものかもしれない。

また、セロトニン系、ドパミン系、コリン系、ＧＡＢＡ系など多くの神経伝達系の受容体、トランスポーター、酵素において、ｍＲＮＡや蛋白質レベルでの発現異常が報告されている。これらの広汎な神経系の異常の基盤には、脳由来神経栄養因子（ＢＤＮＦ）や中枢神経発達において神経細胞の遊走を制御しているリーリンの減少などが関与しているものと考えられる。

4 ＡＳＤの脳画像学的研究

近年の機能的ＭＲＩ研究から、ＡＳＤにおける様々な機能異常、たとえば、模倣課題におけるミラー・ニューロンの機能低下、表情認知課題における大脳皮質ー辺縁系の機能低下、視線弁別課題時の前部帯状回や上側頭回における健常者にはみられない活性化などが報告されている。これらの知見から、ＡＳＤをもつ者は健常者と異なる神経回路を駆使して社会適応を維持していることが示唆される。特に、ミラー・ニューロンの異常はＡＳＤにおける模倣の障害と社会性および共感の成立の障害を説明する点で重要である。

また、脳部位の体積や形態をみる構造的ＭＲＩ研究から、自閉症では大脳辺縁系とりわけ扁桃体と小脳に萎縮がみられることが示されており、先に述べた死後脳の所見を支持するものである。ＭＲスキャナを用いて脳内の代謝物を測定する磁気共鳴スペクトル法を用いた研究でも、ＡＳＤ者の辺縁系と小脳の異常を支持する所見が得られている。構造的ＭＲＩ研究のメタ解析から、自閉症では生後一～二年における頭囲の増加が顕著だが、その後は徐々に差がなくなること、および、大脳皮質灰白質の年齢に伴う容積減少（シナプスの刈り込みによるネットワークの効率化）が起きないこと、などが示唆されている。

5 ＡＳＤの免疫学的研究

ＡＳＤ児は、定型発達児に比べ、アトピー性皮膚炎、気管支喘息、過敏性腸症候群などのアレルギー疾患を合併しやすいことが知られている。その基盤として、免疫系の異常が関与することを示す多くの証拠がある。たとえば、炎症性サイトカインであるＴＮＦ－αとＩＬ－６の蛋白量、および、活性型ミクログリア数がＡＳＤ者の死後脳で増加している。末梢血から分離した白血球とリンパ球を炎症を惹起させる化学物質で刺激するとＴＮＦ－αやＩＬ－６などの炎症性サイトカインが放出されるのだが、ＡＳＤ者由来の白血球ではその放出量が健常者に比べ明らかに多い。このような炎症性サイトカインの増加は、血清あるいは血漿でも検出可能だとする報告が多数ある。

以上から、ＡＳＤでは中枢と末梢との両者で、免疫系の反応性が亢進していることが示唆される。

これほどＡＳＤの免疫系の異常を示唆する所見が多いにもかかわらず、先に述べた遺伝研究においてＡＳＤの感受性遺伝子として免疫系に関する分子がほとんど指摘されないことは、かねてからの疑問の一つであった。最近の自閉症死後脳における遺伝子発現の網羅的解析結果によれば、自閉症死後脳において異常発現がみられる遺伝子群には、既知の感受性遺伝子を多数含む「神経発達モジュール」と免疫系遺伝子とグリアの機能に関する遺伝子を含む「免疫・グリアモジュール」とに大別され、特に後者は遺伝要因よりも環境要因の影響を強く受けていることが示唆されるという。したがって、ＡＳＤにおける免疫系の反応性亢進は出生前の環境要因への暴露によりもたらされたエピジェネティック（遺伝情報の変化を伴わない）な変化である可能性がある。

6 ＡＳＤのＰＥＴ研究

これまで述べてきたように、ＡＳＤの病態に関わる脳部位は脳のほぼ全領域にわたっているが、各部位における神経化学的変化については主に死後脳研究からの知見に限られていた。PETによれば、適切なトレーサーを用いることにより、多様な神経系の分子の状態を生きたまま捉えることが可能である。

そこで、我々は、ASDの脳内におけるセロトニン系、ドパミン系、コリン系の三つの神経系をPETで検討することにした。さらに、免疫系の異常を明らかにするためにミクログリア活性化の状態も検討した。この一連のPET研究では、ASDを有する成人（一九〜三〇歳）、および、彼らと年齢・性別・IQを適合させた定型発達の成人を対象とした。また、てんかんなど脳神経疾患の合併がある者、何らかの薬物療法を受けている者、依存性物質（アルコールとタバコを含む）の嗜癖・乱用がある者は除外した。これらの要因はいずれも、PET所見とその解釈に影響を及ぼすからである。

(1)セロトニン系

セロトニンは自閉症の病態を考える上で古くより注目され調査されてきた神経伝達物質である。一部の自閉症者において全血中および血小板中のセロトニン量が高値を示すことは繰り返し報告されている。セロトニンの前駆物質であるトリプトファンを欠いた食事の摂取は、一部の成人自閉症者に常同行動やこだわり症状の悪化と、不安や不快気分の惹起をもたらす。我々は、脳内セロトニン系を評価するためにセロトニン神経の終末に存在する蛋白、セロトニン・トランスポーター（SERT）の密度をPETで測定し、ASD男性二〇名（平均年齢二一・二歳）と健常男性二〇名とを比較した(1)。

その結果、ASD群の広汎な脳部位においてSERT密度の低下が示唆された。さらに、ASD群においては、帯状回におけるSERT密度が低い者ほど「こころの理論」の障害が重症であり、視床における密度が低下している者ほどこだわり症状が重症であった。つまり、SERT密度の低下とASDを特徴づける臨床症状との間に有意な相関が認められた。以上から、セロトニン系の機能不全がASDの病態に深く関与していることが示唆される。

この結果をふまえ自閉症者の死後脳を解析したところ、SERTは脳内で合成されてはいるものの、セロトニン神経終末のシナプス部位において十分に機能できなくなっていることが分かった。つまり、神経細胞内で作られたSERTを細胞膜まで運んだり、細胞膜上に発現させたりする制御メカニズムに異常があると考えられた。そこで、大阪大学、福井大学との共同研究により、SERT機能の制御メカニズムを詳細に調べたところ、このメカニズムに重要な役割を果たす分子が一〇数個同定された[2]。今後、これらの分子をターゲットとしたASDの新たな早期診断法や治療法の開発が進むことが期待される。

(2)ドパミン系

ドパミンもまた、自閉症の病態に果たす役割が示唆される。ドパミン受容体遮断作用をもついわゆる抗精神病薬が、自閉症者にみられる過活動、自傷、攻撃性などの緩和に有効であることは臨床的に観察される。自閉症者の脳脊髄液では、ドパミンの代謝産物であるホモバニリン酸濃度の上昇も報告され、ドパミン系の機能亢進が示唆されている。そこで、ドパミン神経終末に存在する蛋白であるドパミン・トランスポーター（DAT）の密度をPETで測定した[1]。

その結果、ASD群のDAT結合能は眼窩前頭皮質において有意に高く、同部位におけるドパミン系の機能亢進が示唆された。しかし、眼窩前頭皮質におけるDAT結合能が高いASD者ほど、同部位のSERT結合能が低いという相関関係が認められた。ドパミン系の投射を受けるシナプス後のドパミンD1受容体についてPETで計測したところ、この受容体密度には明らかな変化はなかった。以上から、ASD脳内におけるドパミン系の機能亢進はセロトニン系の機能低下により二次的にもたらされたものである可能性が高いと考えられる。

(3)コリン系

アセチルコリンを神経伝達物質とする脳内コリン系は注意、学習、記憶などの認知機能に関与しているが、これらの認知機能の障害はASDでよくみられる症状である。また、ASDの死後脳研究によれば、アセチルコリンの受容体であるムスカリン様M1とニコチン様$\alpha 4\beta 2$の結合部位が前頭・頭頂皮質において低下している。そこで、我々は、ASD成人を対象に脳内コリン系シナプスの指標であるアセチルコリン分解酵素（ＡＣｈＥ）活性をＰＥＴで調査した⑶。

その結果、ＡＳＤ群の脳内ＡＣｈＥ活性は両側側頭葉の下面、すなわち、紡錘状回で有意に低下していた。さらに、ＡＳＤ群の社会性の障害の強さを国際的に認められている面接法により三歳頃とＰＥＴ検査時との二つの時点で評価し、紡錘状回のＡＣｈＥ活性との関係を解析したところ、社会性の障害が強いＡＳＤ者ほどＡＣｈＥ活性が低いという有意な相関が認められた。しかも、この相関関係は、現在の社会性の障害の強さはもちろんのこと三歳頃の社会性の障害の強さと比較しても成立していた。

この結果は、紡錘状回の機能を考えると興味深い。ヒトの紡錘状回には顔を見たときに特異的に活性化する部位が存在する。一方、自閉症者の顔認知の障害はつとに知られており、顔を見たときの紡錘状回の活性化も健常者に比べ弱い。アセチルコリンが大脳皮質神経回路の発達と維持に重要な役割を果たしていること、および、アセチルコリンの作用がＡＣｈＥにより制御されていることを考慮すると、ＡＳＤでは紡錘状回におけるコリン系の機能不全により顔認知が障害され、社会性の障害の基盤に関与していることが示唆される。

⑷ミクログリア活性化

ミクログリアは、脳内において自然免疫を担っている細胞である。通常は周囲に突起を多数伸ばして異常がないかを監視しているが、ひとたび異常を察知するとその形態を変え、神経細胞の修復を手助けする成長因子や、細菌を殺すような分子を放出する。この変化したミクログリアを「活性型ミクログリア」と呼ぶ。我々は、このミクログリアの活性化の状態をＰＥＴで計測した⑷。

その結果、ＡＳＤ者の脳内では活性型ミクログリアが広汎な部位で増加していた。この増加部位には、小脳、脳幹、帯状回、眼窩前頭回、紡錘状回といった、先に述べたＰＥＴ研究によりＡＳＤの病態への関与が示唆された脳部位が含まれていた。これらの部位のミクログリア活性化をＡＳＤ群と対照群とで定量的に比較してみると、そのパターンはＡＳＤ群と対照群とで酷似していた。つまり、ＡＳＤ者のミクログリアの脳内分布は定型発達者と変わらないが、その数が増加していることが示唆された。我々のＰＥＴ研究の被験者

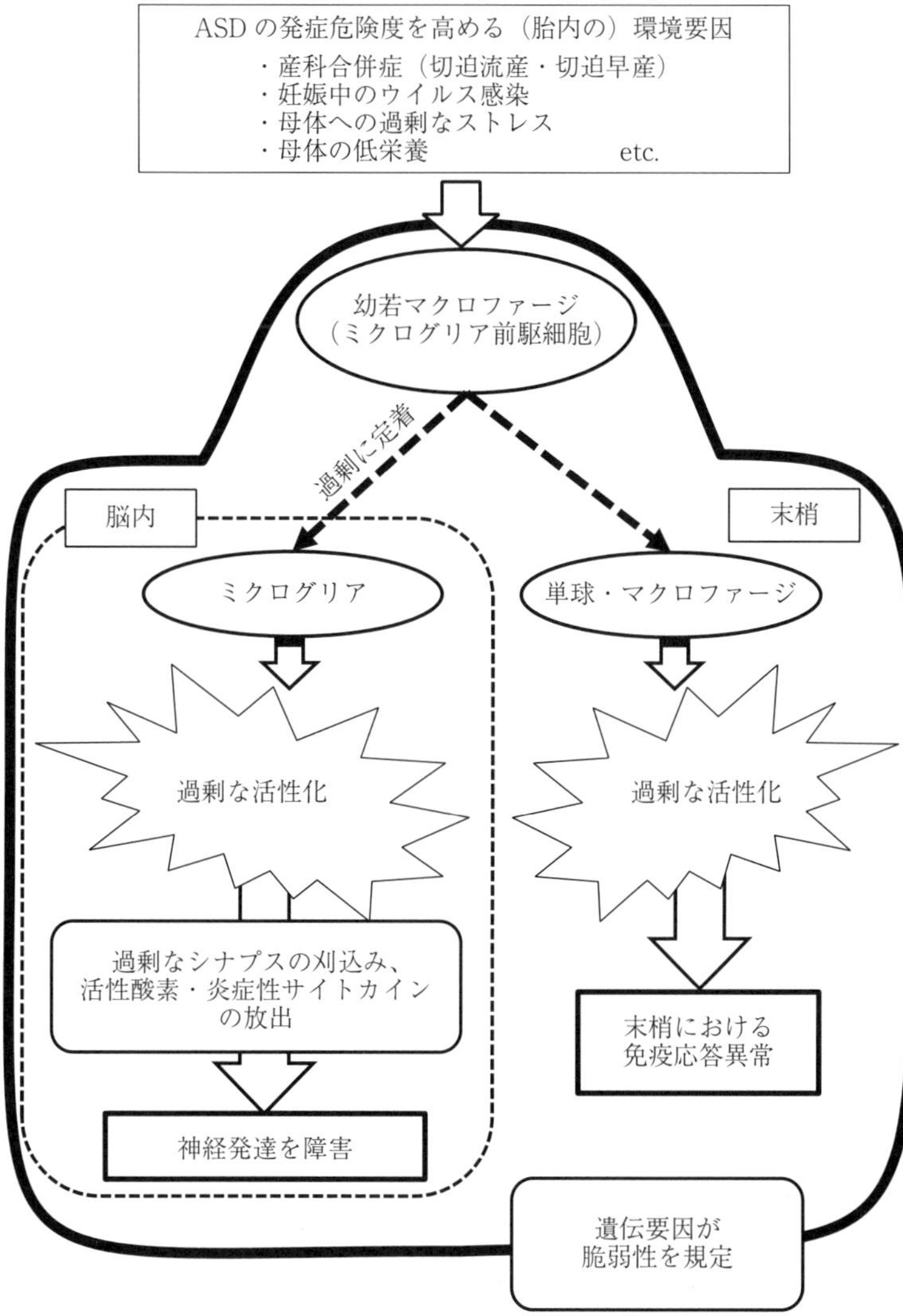

図１　ASDの病態形成における環境要因と遺伝要因との相互作用仮説

には脳炎や脳局所の萎縮などがないことを確認しているので、ASDにおけるミクログリア数の増加は、ミクログリアが脳内に定着する妊娠中期に、既に起きていた現象と考えざるを得ない。臨床症状との関係をみてみると、ミクログリア活性化が強いASD者ほど社会性の障害が重症であり、感覚刺激に対する反応異常が重度だった。

(5)研究結果から考えられること

これらのPET研究結果とこれまでの知見を総合し、我々は以下のような仮説に至った。疫学研究からASD発症の危険因子であることが示されている低酸素、低栄養、高齢出産、子宮内感染などの環境要因により、エピジェネティックな機序でミクログリア前駆細胞が過剰に脳内に定着する。その結果、多数のミクログリアの一部が過剰に反応し、シナプス形成や神経細胞そのものの傷害をもたらす。さらに、セロトニン系とコリン系の神経発達も障害される。一方、ミクログリア前駆細胞と祖を一にする骨髄系前駆細胞もまた、同様に過剰に反応するために、末梢でもサイトカイン増加などの免疫応答異常が起きる。そして、このような胎生期における環境要因への暴露に端を発する一連の病態形成過程に対する脆弱性が、遺伝要因により規定されている、という仮説である（図1・前頁）。

この仮説によれば、妊娠中から出産後早期における過剰なミクログリア活性化を抑制することで、少なくとも一部のASD者については、病態発現を予防できる可能性がある。すなわち、本研究結果はASDの予防法を開発する上で極めて重要な知見と考えられる。

7 おわりに

ASDの最近の知見について展望した。ASD研究の進歩には目覚ましいものがあるが、そこで不可欠なのは、いかにASDを理解し、個々のASD者の支援に役立つか、という視点である。ASDをもつ者の困難さが、脳の機能障害に基づいていることが明らかになればなるほど、療育の重要性はさらに強調される。ASDの臨床においては、科学的知見を踏まえた病態理解と支援とが必要である。いまだ、多くのASD者がそうと診断されないために不適切な処遇を受け、思春期～成人期にうつ病や不安障害を発症するなど二次障害に悩まされている。我々の研究結果が、今後のよりよい支援や予防法の開発につながることを願って、拙文を終えたい。

〔引用・参考文献〕

(1) Nakamura K, Sekine Y, Ouchi Y, et al. (2010) Brain serotonin and dopamine transporter bindings in adults with high-functioning autism. Arch Gen Psychiatry.67(1):59-68.

(2) Iwata K, Matsuzaki H, Tachibana T, et al. (2014) N-ethylmaleimide-sensitive factor interacts with the serotonin transporter and modulates its trafficking: implications for pathophysiology in autism. Mol Autism. 5:33.

(3) Suzuki K, Sugihara G, Ouchi Y, et al. (2011) Reduced acetylcholinesterase activity in the fusiform gyrus in adults with autism spectrum disorders. Arch Gen Psychiatry. 68(3):306-13.

(4) Suzuki K, Sugihara G, Ouchi Y, et al. (2013) Microglial activation in young adults with autism spectrum disorder. JAMA Psychiatry. 70(1):49-58.

3 知的機能と適応行動のアンバランス

黒田《くろだ》美保《みほ》

1 適応行動とは？

適応とは、生活体と環境が調和した関係を保つことであり、適応行動は、セルフケア、家事、学業、仕事、余暇、地域生活など多様な側面について、個人が自らのニーズを環境の中で調整しつつ実現する力といえる。二〇〇一年に採択された国際生活機能分類（International Classification of Functioning, Disability and Health：ＩＣＦ）においても、障害のマネージメントは、個人のよりよい適応と行動変容を目標とすると定義されており、近年、個人の生活の質（Quality of Life：ＱＯＬ）を考える場合、「適応」は最も重要な概念と位置づけられている。したがって、教育、医療、福祉といった分野で個人の適応行動を考えることは必要不可欠といえる。しかし、適応行動とみなされる行動の範囲は広く確定しにくいことや、文化や習慣に依存するため地域差が大きくグローバルな特定が困難であることなどから、その具体的な内容については完全にコンセンサスが得られているわけではない。

適応行動は、歴史的には知的障害の定義に含まれてきた。知的障害の診断基準には知能指数（ＩＱ）の水準だけでなく自立機能に欠如がある、すなわち、適応行動に限界があることが定義されている。知的機能と適応行動は一般に正の相関を示すとされており、知的機能になんらかの問題がある場合、当然、適応行動にも限界が生じると考えられてきた。

2 発達障害と適応行動

知的機能と適応行動は相関すると述べたが、発達障害の場合、知的水準から期待されるような適応行動は達成されないことが明らかになっている。特に自閉症スペクトラム障害（Autism Spectrum Disorder：ASD）では、適応スキルはその個人がもっている知的機能よりもかなり下回ることが多く、特に、知的障害のない高機能ASDの人でそうである[1][2][3]。最も大きな乖離は社会性スキルとIQの間に認められることが多く、高機能ASDの人たちは学習した適応スキルを、支援無しに日常生活に応用することは難しいと考えられている。また、最近の研究では、高機能ASDの成人においても、適応行動は自立の水準に至っておらず、予後を予測する上で適応行動はIQよりも重要な因子であることが示されている[4][5]。このような事実にもかかわらず、現在まで、高機能ASDの人は、知的障害を伴うASDの人と同程度の支援を受けることができないできた。

つまり、発達障害のある子どもでは、知的機能や水準が高く学業面では大きな問題がないにもかかわらず、日常生活の様々な側面で困難を抱えているケースが少なからずあり、それが成人期まで持続し、その上支援を受けにくい状態にあると考えられる。具体的に考えてみると、学校の成績は良いが、朝の起床も親が手伝い、適切な衣類を選んだりすることも自分の部屋の掃除もできず、友だち関係は持続しないといったケースである。成人期では、大学までは成績も良くなんとかやってこられたが、社会人になると仕事を自分で考えて進めていったり、職場の人とうまくコミュニケーションをとったりすることができない。また、家事やセルフケアが苦手で、金銭管理もできず独立して暮らすことが難しい。極端な場合、失業や自己破産といった深刻な問題を抱えることもある。

さらに、ASDのある子どもや大人を苦しめるのは、周囲の人たちが、その知的機能に見合う適応行動を期待し求めることである。知的機能が高ければ適応も高いという誤解が、彼らを支援から遠ざけているのである。

こうしてみてくると、発達障害の場合、その障害の直接の症状よりも、むしろ適応行動の不足や周囲が適応という視点から彼らの状態をとらえていないことが実生活の困難に繋がっていると言える。したがって、支援を考えるためには、IQや発達障害の特性のみではなく、適応行動をアセスメントしておくことが重要である。そして、適応行動をどの領域にどの程度獲得しているかを評価することが、不可欠だと考えられる。

3 発達障害の支援のための適応行動アセスメント

しかしながら、今まで、日本では適応行動に着目した支援が行われてこなかった。その理由の一つは、わが国においては、幅広い年齢帯を対象とした、適応行動を評価できるアセスメント・ツールがなかったことである。日本で使われてきた適応行動のアセスメント・ツールとしては、ASA旭出式社会適応スキル検査(6)とS-M社会生活能力検査が挙げられる(7)。前者の対象は幼稚園児から高校生までで、保護者や担任が質問紙に回答する。「基本版プロフィール」では、全検査スキルと四つのスキル（言語、日常生活、社会生活、対人関係）について、七段階の相対的位置や相当年齢を求めることができる。また、四つのスキルを構成する三二の下位領域の発達を平均値と比較できる。遅れが認められた場合、「臨床版プロフィール」を用いて、下位領域における個人内差を把握でき、発達障害にも使用できる。後者は一九三五年に米国で刊行されたVineland Social Maturity Scaleに準じて一九五九年に初版が刊行され、その後一九八〇年の改訂をへて作成された。対象年齢は一～十三歳で、保護者や担任が回答する。ただ、この検査は改訂からもすでに30年以上が経過しており、現在の子どもの適応行動を的確に把握するのは難しいと考えられる。

英語圏では複数の適応行動の標準化尺度が存在する。代表的なものとして、前述のVineland Social Maturity Scaleを発展させたヴァインランド-Ⅱ適応行動尺度（Vineland Adaptive Behavior Scales-Second Edition、以下、ヴァインランド-Ⅱ）(8)、Adaptive Behavior Assessment System-Second Edition, Scales of Independent Behavior-Revisedなどが挙げられる。これらの中でも、ヴァインランド

表1　Vineland-Ⅱ適応行動尺度の構成

	領域	下位領域	項目数	対象年齢
適応行動	コミュニケーション	受容言語	20	0歳～
		表出言語	54	0歳～
		読み書き	25	3歳～
	日常生活スキル	身辺自立	43	0歳～
		家事	24	1歳～
		地域生活	44	1歳～
	社会性	対人関係	38	0歳～
		遊びと余暇	31	0歳～
		コーピング	30	1歳～
	運動スキル	粗大運動	40	0歳～6歳、50歳～
		微細運動	36	0歳～6歳、50歳～
不適応行動	不適応行動	内在化	11	3歳～
		外在化	10	3歳～
		その他	15	3歳～
		重要事項	14	3歳～

-Ⅱは、翻訳されて世界の多くの国で使われている。日本においても二〇一四年十月に、日本版ヴァインランド-Ⅱ適応行動尺度が刊行された。これは日本文化に合わせた項目修正と全国の一三〇〇人以上のサンプルによって再標準化されたもので[9]、教育、医療、福祉の現場で役立つことが期待される。

4 ヴァインランド-Ⅱ適応行動尺度

ヴァインランド-Ⅱ適応行動尺度では、適応行動を「個人的および社会的充足を満たすのに必要な日常活動の遂行」と定義しており、次の四つの考えに基づいて作成されている。①適応行動は年齢に関連するものであり、それぞれの年齢で重要となる適応行動は異なる。②適応行動は他者の期待や基準によって決定され、関わる環境によって適応行動の評価も変化していく。③適応行動は支援などの環境によって変化する。④適応行動は行動自体を評価するものであり、その可能性を評価するものではない。特に④について注意が必要なのは、適応行動とは「実際に行っていること」

であり、「できること（能力）」とは異なるという点である。たとえば流暢に話す能力があるとしても自発的に話さないのであれば、その人は適応的なコミュニケーションに困難があるということになる。

対象年齢は〇歳から九〇歳（日本版は九二歳）と幅広く、保護者が回答者となり、子どもが何をしないかよりも何をするかに焦点をあて、自由に語ってもらえるよう半構造化面接の形式をとっている。この会話的なアプローチにより、質問項目を1つひとつ読みあげる方法よりも臨床的に有用な情報を得ることができる。構成は、コミュニケーション・日常生活スキル・社会性・運動スキルの四つの領域からなり、それぞれに下位領域がある（表1参照・前頁）。そこに多くの質問が用意されており、適応行動を多面的にとらえることができる。それ以外に、不適応行動領域（表1参照）もあり、青年期以降に顕在化する二次障害等の問題を把握することも可能である。ヴァインランド-Ⅱ適応行動尺度の標準得点はウェクスラー知能検査とほぼ同じシステムであり、下位領域では平均値一五、標準偏差三のｖ-尺度が得られ、各領域では下位領域を総合して平均値一〇〇、標準偏差一五の領域標準得点が算出される。全般的指標としての適応行動総合点（平均値一〇〇、標準偏差一五）は、四領域から算出されるものであり、ＩＱとの比較が容易である。ヴァインランド-Ⅱを用いた研究は多いが、ＡＳＤ診断のゴールド・スタンダードといわれる自閉症診断観察検査（Autism Diagnostic Observation Schedule、以下ＡＤＯＳ）との関連についても報告されている[1]。それによると、エール大学で調査した平均年齢一二・四歳のＡＳＤのある男児八四名について、ＩＱとヴァインランドの適応行動総合点を比較したところ、ＩＱの平均値は九九・八点（全員のＩＱが70以上）にもかかわらず、適応行動総合点は五五・一点で、各領域標準得点がコミュニケーション七二・二点、社会性五二・〇点、日常生活スキル五五・三点となっていた。つまり、ＩＱに比較して適応行動の水準がかなり低く、特に社会性や日常生活スキルの領域が低かった。また、ＡＤＯＳの社会性とコミュニケーションとの結果との関連をみると、ヴァインランド-Ⅱの同領域と相関は見られるがあまり強くはなく、これはＡＳＤの特性がそのまま適応行動に反映するわけではないことを示していた。

また、ＡＳＤでは、日常生活スキル領域は比較的強く、社会性領域は最も弱く、コミュニケーション領域はその中間に位置するという報告もあり、いずれも社会性領域が最も弱いことが示されている。下位領域をみると、文字の知識や読み書きを尋ねる「読み書き」が「受容言語」や「表出言語」の得点よりも高い傾向がある。また、社会性の中でも「対人関係」は最も低い領域となっている(1)(10)(11)。

5 支援のために

今まで述べてきたように、発達障害の場合、知的機能と適応行動には乖離があり、適応行動は知的水準を下回る。したがって、発達障害の場合、知的機能から適応行動を推測することは絶対避けなければならない。そして、適切な尺度を用いて客観的に適応行動をアセスメントしていくことが重要であり、その結果に基づいて支援を考えることが大切である。現在の支援は、エビデンスベースドプラクティス（Evidence-Based-Practice：ＥＢＰ実施の根拠のある臨床）が求められている。ＥＢＰのためには包括的で適切なアセスメントが不可欠である。

ただ、前述のように適応行動の内容は幅広く、日本国内においてでさえ地域によって適応的な行動は変わる可能性もある。さらに、標準化された客観的なアセスメント、いわゆるフォーマルなアセスメントに適応的な行動のすべてを入れることも不可能である。それは、知能検査が知的機能の一部しか測定できないのと同じである。したがって、支援においては、ヴァインランド-Ⅱのようなフォーマルなアセスメントを実施したうえで、実際の生活での行動を観察し評価するインフォーマルなアセスメントを実施することも不可欠である。

〔引用文献〕

(1) Klin, A., Saulnier, C. A., et al. (2007) Social and communication abilities and disabilities in higher functioning individuals with autism spectrum disorders: the Vineland and the ADOS. *Journal of autism and developmental disorders*, 37: 748-759.

(2) Kanne, S. M., Gerber, A. J., et al. (2011) The role of adaptive behavior in autism spectrum

disorders: implications for functional outcome. *Journal of autism and developmental disorders*, 41 : 1007-1018.

(3) Perry, A., Flanagan, H. E., et al. (2009) Brief report : the Vineland Adaptive Behavior Scales in young children with autism spectrum disorders at different cognitive levels. *Journal of autism and developmental disorders*, 39 : 1066-1078.

(4) Farley, M. A., McMahon, W. M., et al. (2009) Twenty-year outcome for individuals with autism and average or near-average cognitive abilities. *Autism research : official journal of the International Society for Autism Research*, 2 : 109-118.

(5) Howlin, P., Goode, S., et al. (2004) Adult outcome for children with autism. *Journal of child psychology and psychiatry, and allied disciplines* 45 : 212-229.

(6) 肥田野直（監修）「ＡＳＡ旭出式社会適応スキル検査」日本文化科学社、二〇一二

(7) 三木安正（監修）「新版Ｓ－Ｍ社会生活能力検査」日本文化科学社、一九八〇

(8) Sparrow, S. S., Cicchetti, D. V., et al. (2005) *Vineland adaptive behavior scales, second edition : survey forms manual.* : Minneapolis Pearson.

(9) 谷伊織・伊藤大幸他「日本版 Vineland－II 適応行動尺度の開発：適応行動尺度の項目分析と年齢による推移」『精神医学』五五巻、九七一―九八〇

(10) Volkmar, F. R., Sparrow, S. S., et al. (1987) Social deficits in autism : an operational approach using the Vineland Adaptive Behavior Scales. *Journal of the American Academy of Child and Adolescent Psychiatry* 26 : 156-161.

(11) Carter, A. S., Volkmar, F. R., et al. (1998) The Vineland Adaptive Behavior Scales: supplementary norms for individuals with autism. *Journal of autism and developmental disorders*, 28 : 287-302.

第3章 支援のために知っておきたいこと

——発達障害のある成人たちの現在

1 特別支援教育を受けていない世代の学齢期

梅《うめ》永《なが》雄《ゆう》二《じ》

1 はじめに

平成一七年四月に発達障害者支援法が施行され、その二年後の平成一九年から小中学校において特別支援教育が始まった。しかしながら、現段階で成人となっている発達障害者の多くは、小中学校の学校教育段階において、発達障害に特化した教育を受けてきた者は少ない。

発達障害と言われる人たちは、子どものころに抱えていた困難性は共通する部分もあるが、読み・書き・計算などに障害のある学習障害（ＬＤ）者、不注意・多動・衝動性で定義されている注意欠如多動性障害（ＡＤＨＤ）者、そして対人関係・コミュニケーション・想像力などに困難性を抱える自閉症スペクトラム障害（ＡＳＤ）者それぞれによって異なるところも多い。

2 小中学校時代の困難性

(1) 障害特性による課題

① ＬＤ児の場合

ＬＤ児の場合は、基本的にアカデミックスキルといわれる読み書き計算の中心をなす国語と算数が授業についていく最初の関門となる。一般に視空間認知に問題がある場合、目から入ってくる像が前後・左右・上下などにずれが生じ、文字や文章を読むのが困難であったり、極端な時間を要する、ＬＤ児の七割を占めるといわれる読字障害（ディスレクシア）が生じる。読むという入力情報に障害があると、表出する書字にも影響が出てくる書字障害（ディスグラフィア）が生じる。ＬＤ児の中には他にも地図が読めない、方向感覚がわからなくなるディスマッピアや運動神経が鈍い、不器用な発達性協調運動障害（ディスプラクシア）などは体育や楽器の演奏などが不得手となる。

②ＡＤＨＤ児の場合

ＡＤＨＤもいくつかの類型に分けられるが、不注意優勢型の場合は、授業に集中できず学習に遅れが出る、家庭への連絡用のプリントをもって帰るのを忘れる、教室の机の中が整理できずに汚いなどの問題が生じている。多動・衝動性優勢型の場合は、落ち着きがなく常に動きまわったり、椅子に座っていてもきょろきょろと周りを見渡している。

また、キレやすくすぐに喧嘩をしたり、クラスメイトを傷つけてしまうなどの問題を生じることがある。

③ＡＳＤ児の場合

ＡＳＤ児は、集団行動が苦手であり、教師やクラスメイトとの関係がうまく構築できない。

具体的には、友だちと一緒に遊べない、自分の我を通すことが多いため、わがまま・自分勝手だと思われてしまうためにクラスメイトとトラブルを生じてしまう。また、想像力に限界があるためこだわりが強くなり、日常的にルーティン化された出来事に変化が生じると対応できない。とりわけ、遠足や運動会などの行事が苦手である。また、言葉によるコミュニケーションに限界があるため、教師からの言葉による叱責が続くとパニックを生じることもある。

⑵共通の課題

いずれの障害においても、他の子どもと同じような行動を取ることができないため、教師からの叱責やクラスメイトからのからかい・いじめなどが生じる。その結果、学校が嫌いになり不登校を示すことがある。学校に行かないようになると、朝起きて夜寝るという規則正しい生活をすることができなくなり、家族からも叱責を受けることが多くなるため、自分の部屋に引きこもるといった状態も生じている。常に保護者から叱責を受けるようになると、自分の家に居づらくなり、家出をしたり、非行グループと交わることもありえる。家を出ても学校に行かずゲームセンターにたむろする、暴走族に入る、援助交際を行うなど反社会的行動を行う発達障害児の報告もされている。

(3) 事例

ディスレクシアとディスグラフィアを重複するある女児は、学校では勉強についていくことができないために日々学校で教師からの叱責を受けており、その結果、クラスメイトからばかにされる状況になっていた。家庭に戻ると両親は共働きで一人っ子の女児は塾に行かされていたが、塾においても勉強についていくことができなかった。そんな折、テレビで見たファッション関係の街に出かけると、多くの男性に声をかけられた。それまでは自分は何をやってもだめだと自尊感情を喪失していたが、はじめて人に評価され、認められることが嬉しくなり、その後援助交際へと発展した。結果的に覚せい剤を打たれ、補導され、少女少年院に六カ月入院の措置が取られたが、出院後も矯正することができず同じ犯罪を繰り返してしまう状況となってしまった。

なぜなら、少女少年院を出院後も学校での彼女を取り巻く環境はいっこうに改善されていなかったからである。学校に戻っても勉強についていけないという状況は継続しているため、自尊感情は低下するが、街に出ると唯一自分のアイデンティティが保証されると感じた結果だと考えられる。

3 どのような支援を受けていればよかったか

支援については、大枠では発達障害それぞれの障害特性を考慮しながらも、それぞれの特性が重複している場合もあり、また家庭や学校など一人一人の発達障害児の環境が異なるため、個別に対応していく必要がある。

(1) 障害特性に応じた教育支援

① LD児の場合

LD児は主に読字、書字、計算といった学習面が問題となっている。その原因として視空間認知の困難性もあるため、目から入ってくる情報がどのような状況になっているのかを専門家によってアセスメントを行ってもらう必要がある。読みの障害であれば、ＤＡＩＳＹ（Digital Accessible Information System）などのＩＴ機器を使ったり、書きの障害であればパソコンなどを代用する、また計算障害には電卓を使うなどの合理的配慮を行うことを検討すべきである。

②ＡＤＨＤ児の場合

不注意な点では外部刺激を遮断し、目の前の活動に集中させるようなパーテーションを使用する。あるいはさまざまなリマインダーで確認させるといった方法もある。集中力が途切れる場合は、集中できる時間のアセスメントを行い、必ずしも他の児童生徒と同じ時間帯で授業を行うことを強要せず、ＡＤＨＤ児が集中できる時間に応じたカリキュラムを作成することも必要である。多動や衝動性については、応用行動分析で用いられているトークンシステムの有効性も米国で報告されており、また、薬の服用によって落ち着きを示す症例も報告されているため、医療との連携も必要である。

③ＡＳＤ者の場合

ＡＳＤ児はクラスメイトとの関係が難しいため、学校内で生じうる友人関係の課題を検証し、クラス内でのマナーやルールを守るようなＡＳＤ児に特化したＳＳＴ（ソーシャル・スキルズ・トレーニング）を検討することも効果がある(1)。

また、米国ノースカロライナ州ＴＥＡＣＣＨ部で実施され、世界的に効果が証明されているStructured TEACCHing（構造化された指導）として、刺激を遮断するパーテーションの利用、言葉による指導ではなく絵や文字などを用いた視覚刺激による指導なども検討してみるべきである。

(2)発達障害児共通の支援

①不得手なところに注目せず得意な能力を伸ばしていく

成人した発達障害者の多くが、過去の学校教育では苦手な教科に焦点を置かれて指導され苦しい思いをしたと報告している(2)。発達障害者は能力にばらつきがあるから発達障害者なのである。よって、すべての教科をまんべんなくできるようにするのではなく、得意な教科を伸ばしていくことを目標にすべきである。とりわけ、本人が興味・関心を示す分野や得意な分野を把握し、モチベーションが高まるよう、ほめて育てるといった教育支援が発達障害児たちの自尊感情を高めることになるものと考える。

②定型発達児に対する発達障害児の理解教育

脳性まひのような肢体不自由児やダウン症候群のような知的障害児については、子どもであっても障害を理解し、何らかの援助をしようとする子どもも存在する。しかしながら、発達障害児はＬＤ児のように読み書き計算に障害があっても基本的に知的に障害があるわけではなく、またＡＳＤ児の場合には知的に高い場合もあるため、幼い子どもにとっては障害があるとは見られない。よって、自分たちと異質と感じることによるいじめなどが生じるのではなかろうか。このような状況を改善するためには、子どもたちにわかるような範囲で発達障害とはどのようなものかを説明することが必要だと考える。

具体的には、小学校低学年であれば絵本や紙芝居などはわかりやすい。高学年になると、児童文学やビデオによって発達障害児とはこのようなものだと説明できる。その際に、障害というよりは独特の個性を持っていて、発達障害者の中には発達障害がある故に素晴らしい業績を成しとげた人たちがいるというリスペクトエデュケーション（Respect Education）を行うべきである。

(3) 事例

ある米国の小学校では、教室でいじめられていたアスペルガー症候群の女児に対するいじめ対策のために専門のセラピストを派遣してもらうことになった。このセラピストは女児のいるクラスに来ると、他のクラスメイトに発達障害の説明をするのかと思うと、そのような授業を行う様子は全くなく、一枚のＤＶＤを見せたのであった。そのＤＶＤの冒頭では、小学校の校庭でサッカーに興じる小学生たちのシーンが映し出されていた。その後カメラは横に移動し、サッカー少年たちに背を向けて椅子に座っている男児を映し出していた。その男児はふと目の前の木を見上げると、その木から落ちてきたリンゴをさっと右手でつかんだのであった。その後映像は二～三歳くらいの男の子が両手を使って椅子に登り、目の前のピアノを華麗に弾くシーンが映し出された。そして、その二人の少年たちが「僕は自閉スペクトラム症を持っているんだ。アイザック・ニュートン、アマデウス・モーツァルト」と言うのである。そのＤＶＤを見ていたクラスの子どもたちは、振り返り教室の後ろに提示されている偉人たちの肖像画を食い入るように見つめていた。そして、ＤＶＤは現在のアスペルガー症候群の子どもたちを映し出すのである。「僕は場の空気が読めないって言われるんだ」「僕はいつも変わっているって言われていじめられるんだ」「僕は自分勝手でわがままって言われるんだ」などそれぞれが自分の学校での状況を説明し始めると、クラス全体がざわざわし始め、今までいじめていた女児について友だちと話し始めるのである。「おいおい、あいつそういえば地図を全部暗記してたよな」「そうそう、カレンダーの曜日をすぐに答えられるんだよ」「ひょっとしてあいつニュートンやモーツァルトみたいに天才なの？」。ＤＶＤはそれだけの短いものであったが、見終わった児童たちは、今までいじめていたアスペルガー症候群の女児がひょっとしたら将来天才になるかもしれないと考え、尊敬されるようになっていじめが消失したのである。

これがリスペクトエデュケーションという方法であり、このように定型発達児に対する発達障害児理解教育は、いじめを防ぐ有効な方法の一つだと考えうる。

〔参考文献〕

(1) White, S.W. (2011) *Social skills training for children with asperger syndrome and high-functioning autism*. Guilford.

(2) 梅永雄二（編著）『こんなサポートがあれば！』エンパワメント研究所、二〇〇四

2 就労におけるつまずきと支援の課題

吉澤《よしざわ》 純《じゅん》

1 成人の発達障害者の多様性

成人の発達障害者には、社会的に安定し、問題なく生活できている者もいる一方で、学校を卒業後、就労でつまずく者も少なくない。学校と職場の環境は大きく異なるため、たとえば、大学院まで卒業した発達障害者が、採用後に休みがちとなり休職に至ったり、または離転職を繰り返すという事例も見られる。

発達障害者支援法が施行され、早期発見・早期療育等が言われるようになった。しかし、制定以前には、知的障害を伴わない発達障害者は十分認知されていなかったことから、休職や離転職等の就労のつまずきを契機に、成人になって初めて発達障害の診断を受ける者も少なくない。

成人の発達障害者の状態像は多様で、本人の困り感や障害認識の程度、障害者手帳の所持の有無、生育歴も様々である。中には、紆余曲折の後に、ようやく専門的支援につながり、必要性を本人が理解して、障害者手帳を取得し、障害者雇用を目指す者もいる。

2 就労のつまずき

診断を受けていない、または専門的機関等につながっていない発達障害者も含めると、その雇用状況の全体像をすべて述べることは難しいものの、採用後、仕事でつまずく事柄としては、次のようなことが多く見られる。

(1)仕事の遂行上のつまずき

次に紹介するのは、成人の発達障害者からよく聞かれる仕事の遂行上のつまずきである。「不器用で、作業スピードが遅く、ついていけなかった」、「突然、背後から上司に指示されると、注意が上司の姿に向いてしまい、口頭の指示内容が理解できないことがあった」、「疲れてきたり、慌てるとミスが出る。会社に損失を与えるミスをしたこともあった」、「新しい仕事をなかなか覚えられなかった」、「同じことを注意されるが、自分では間違いに気付けなかった」、「複数の仕事があると同時に作業できなかった。優先順位がつけられなかった」、「突発的な出来事に対応できなかった」、「感覚過敏・鈍麻があって、仕事に集中できなかった」等である。このように、指示された仕事が遂行できずに、つまずくことがある。

その他にも、人事異動で配属場所が変わったり、本人が管理職に昇格して業務内容や役割が変わることで、つまずく場合もある。

(2)職場における人間関係のつまずき

障害特性によってコミュニケーション上の誤解・齟齬から感情的なもつれが生じ、人間関係でつまずくことがある。発達障害が背景にあることに本人も職場も気づいていない場合もあり、本人の言動の程度や頻度が、職場の常識範囲を超えるものであったり、〝ホウレンソウ（報告・連絡・相談）〟等の職場の基本的なルールを知らなかったりすると、「自分勝手。言うことをきかない」、「自分のやり方にこだわって、言い訳ばかりする」、「空気が読めない」と見られることもある。休憩室の使い方など、その職場独自の暗黙のルールがあり、明文化されていないことも多いため、本人がわからずにいることもある。

また、普段の日常会話では流暢に話すのに作業指示が理解できなかったり、作業はできてもコミュニケーションがうまくいかないことで、上司や同僚が「本人が、わざと嫌がらせをしているのではないか」と誤解することもある。障害を理解している職場でも「本人に悪意がないことはわかるが、時に、こちらが感情的になってしまう」との声が聞かれることがある。

一方、本人が不適切と考える周囲の言動や物事について、執拗に職場を指摘し、「自分が正しく、会社が間違っている。自分は職場によかれと思って、正しい意見を言ったのに、周りの人が理解しない」と本人が衝突を起こし、周囲が疲弊することもある。

さらに、職場の人間関係で齟齬が生じ、誤解や叱責される経験が増えると、本人が自信を持てなくなることがある。本人も自らの言動が職場にどのように悪影響を及ぼしているのか理解しづらく、次第に体調不良を感じて休みがちになり、うつ病等の二次障害のため休職に至ることもある。その他にも、人事異動で、別の上司となって人間関係が上手くいかず、つまずく場合もある。

(3) 本人の不調によるつまずき

人間関係も良好で、仕事の遂行はできても、本人の体調不良や不安の増大等の様々な不調により、つまずく場合がある。「仕事もでき、職場環境もよかったけれども、夏になると身体が火照り体調が悪化するため、仕事を続けられなかった」、「作業自体はできたが、本当に正確にできたかどうか、ミスをしたのではないかという不安が日増しに強まって離職した」等の例である。その他、自分が叱られた場面等過去に体験した記憶と感情が鮮明に蘇るフラッシュバックによって作業に集中できなくなったり、日常生活の些細な出来事をきっかけに飛躍した思考傾向が生じて不眠となり生活リズムが崩れる者もいる。また、就労経験がないため実際の職場で、いきなり未経験の行動を求められ、不安になって混乱する者もいる。また、過集中で休憩の取り方がわからず、翌日、疲れすぎて出勤できなくなったり、他人からの指摘に極度に敏感になって緊張が高まっていく者もいる。

3 職場で安定して働く力

障害者雇用に理解のある人事担当者等使用者に対して、どのような人材を求めるかを尋ねてみると、会社により回答は様々であるが、一般的には、①毎日出社できるように体調管理ができる人、②職場での挨拶や報告・連絡・相談ができる人、③協調性のある人、④最後まで責任をもって仕事ができる人、等が挙がる。

以上のようなことを含め、本人が安定して就労を継続することを考えるならば、発達障害者に限らず、おおむね次の「四つの働く力」を大切なものとして挙げることができる。⑴安定した出勤をするための「健康管理の力」（例：不調サイン・サイクルの気づき、不調への対処、体力等）、⑵無理なく働き続けるための「日常生活の力」（例：睡眠、食事・栄養、休養、清潔・整容、余暇、金銭管理等）、⑶職場で過ごすための「職業生活の力」（例：安定出勤、身だしなみ、協調性、コミュニケーション、報・連・相、安全管理、感情統制、マナー・ルール遵守、環境適応等）、⑷職務遂行のための「仕事の力」（例：作業速度・能率、集中力、持続力、正確性、創意工夫等）。

　比較的順調に職業生活を営んでいる発達障害者を見ると、本人も職場も様々であるために画一的には言えないものの、この「四つの働く力」に関係して、次のような特徴がみられることがある。

○仕事や作業・職場環境が本人に合っていて、仕事が遂行できている。本人が、仕事で「したいこと」と「できること」を区別して整理し、無理なくできる仕事や勤務を選択している。

○自己認識を深め、自分の得意な面を自他で確認し、どうにかやれるという意識・自信を回復している。日常生活を含め、得意な面を伸ばしたり、自分に合ったスキルを活用する等により、他のところで苦手な部分を補っている。

○就労経験や職業準備の過程を通して、報告・連絡・相談等、職場の基本的なルールやマナーを体験的に知っており、基本的ルールに従うことができている。

○本人なりに様々な工夫や対処をしている。たとえば、自分なりのストレス軽減法や、テクノロジー機器・ＩＴ等を活用した障害補完手段の工夫によって、過集中による疲労や、感覚過敏・鈍磨、体温調節の困難、気圧の変化による体調不良等について、自分なりの対策をしている。

○本人が信頼している相談者や支援者がいる。困ったことがあれば相談できるスキルを身につけている。

○本人にとって、比較的働きやすい職場環境である。たとえば、構造化された職場環境であったり、指示の出し方、マニュアルの整備、コミュニケーションの配慮等、職場の理解がある。もしくは、本人が職場で配慮してもらいたい事柄を理解し、伝えることができている。
○職場が発達障害の障害特性と本人の個性を理解していて臨機応変に対応している。たとえば、口頭のやりとりでは齟齬が出るため、筆記やメールによる文章でのやりとりを追加して工夫する等。

4 繰り返される悪循環と支援・アセスメント

冒頭に挙げた成人の発達障害者の就労上のつまずきは、何度も同じパターンで繰り返されることが少なくない。発達障害者の中には問題を解決することに困難を抱えている者も多く、事実を思い出すために多くの手がかりを必要としたり、解決法の質が低いことも多い。たとえば、作業の遂行ができずに離職した後に、また同じように苦手な職種を選んで離転職を繰り返し、失敗を通して自分に合った職種の選択や行動の理解に至らない場合である。このような場合、陥っている悪循環に対し何らかの対処をしていかないと、今後も同じような就労のつまずきを繰り返していくこととなる。

したがって、本人の状況や必要性に応じて、就職前から就職後にかけて、各種検査・相談の実施、障害特性や作業特性等の把握、悪循環に陥っている思考や行動に対する別の構造化された枠組みを与えるスキル付与、自己理解の促進、マッチング、ジョブコーチ等、環境面を含めた各種支援が必要となる。これら各種支援で適宜行われるアセスメントにより連続的に的確な評価を行い、インフォームドコンセントを含めた適切な個別支援を行う必要がある。ただし、就労支援以前に、医療や心理、福祉、生活等の支援が必要な者もいるため、安定した雇用に至るまでに長期間かかる者もいるし、同じ診断名であっても、支援方法やアプローチが異なる場合も多い。

なお、今後は、早期支援等も行われてきていることから、以前に効果があった支援方法を、成人期の就労場面にアレンジして活かす等、連続的な支援を行うことも大切になってくるであろう。

3 発達障害のある成人たちの生活の現状と課題
——二次的問題（二次障害）への予防的視点

小《こ》林《ばやし》真《ま》理《り》子《こ》

1 発達障害のある思春期から成人期の方との出会い

まず先にお断りしておきたいのは、筆者が勤務する公的相談機関で発達障害の方に出会うときは、職場不適応やひきこもり、行動上の問題など発達障害の二次的問題（二次障害）でお困りの方にお会いするということについてである。成人期を迎えた発達障害の方の多くは、生活のしづらさを抱えながらも就職や新しい家族を築いている、また、発達特性を活かして仕事や研究活動などに成功していることもお伝えしておきたい。しかしながら、発達障害により二次的問題（二次障害）を引き起こすことも少なくないことから、これまで筆者が相談支援場面で出会った思春期から成人期の事例を通して、二次的問題（二次障害）への予防的視点について述べていきたい。

2 思春期から成人期の二次的問題（二次障害）について

発達障害における二次的問題（二次障害）は、一般的には、一次的な障害である発達障害の特性に対して適切な支援がなされていないか、不適切な対応がなされるために生じる情緒や行動面の問題のことをいう。齊藤[1]は、発達障害の二次障害を外在化障害と内在化障害に分け、外在化障害は、極端な反抗、暴力、家出、反社会的犯罪行為などの行動上の問題として他者に向けて表現するものであり、内在化障害は不安、気分の落ち込み、強迫症状、対人恐怖、ひきこもりなど情緒的な問題として自己の内的な苦痛を生じるものとしている。この分類は、事例概要を把握しやすく、支援・治療につなげる際の指針となるので、この分類に準拠し、思春期から成人期の相談事例について報告していきたい（なお、事例については、プライバシー保護を優先に考え、報告内容を歪めない程度に加筆修正を行った）。

(1) 内在化障害を呈している事例

精神保健福祉領域の相談機関である精神保健福祉センターでは、高校生や大学生などの長期不登校やひきこもりの相談事例全体の三分の一が広汎性発達障害やアスペルガー症候群などの発達障害の事例であり、ここでは典型的な事例を報告する。

●事例A（長期の不登校からひきこもり） Aさん

二〇代後半の男性

二歳頃までは言葉の遅れがあったものの、二歳過ぎには遅れを取り戻している。保育園の頃は集団の喧騒を嫌い、砂場で独り黙々と遊んでいる子だったが、周囲に受身的に順応することはできたため、トラブルになるようなことはなく過ごしていた。小・中学校は作文が苦手だったが、ルールがはっきりしている課題をパターン化して習得すれば正確でスピーディな作業ができ、記憶力も高かったため成績は優秀だった。高校では親友はできなかったが、Aさんによると「友だちとの関係はよくわからないが、ニコニコして頷いているとその場が過ごせることを発見した」と話し、常に受身的対処法を用いて人間関係を凌いできたようである。大学には難なく合格して教養課程まではこなしたものの、三年次のゼミで消極的であることを指導教官に強く叱責されたことを契機に、そのままひきこもることに。母からの相談で事例化するが、Aさんの来談には数年間を要し、直接面接ができたとき、Aさんは「このままにしておいてほしい」と切望し、言葉少なに「ひきこもってやっと楽になった」「自分の苦痛は誰にもわかってもらえない」「このまいなくなりたい」と語り、次々に直面する新たな課題に対処できず、追いつめられていたことがわかってきた。

●事例B（ひきこもり）　Bさん　三〇代前半の男性

運動発達はいくぶん遅れ気味だったが乳幼児健診で指摘されることはなかった。言葉の出や文字の習得が早く、五歳頃には図鑑を飽きずに読み続け、小学校・中学校になると、歴史もの、高校では宗教学に関心をもった。学校では、知識が豊富で説明好きな「変わった生徒」と言われ、クラスメイトから距離を置かれる、仲間はずれにされるなどのいじめを受けていたが、インターネットで知り合った仲間とネット上やオフ会でのつながりはあったようである。知的レベルは高いものの、関心の幅が狭く、「受験勉強をする意義が見いだせない」と話し、結果、無試験の専門学校に入学した。卒後、技術職として働きだすが、説明好きでまわりに理解させたい強い思いが、生意気な態度や場にそぐわないかたくなな言動となり、職場の人から「面倒くさい同僚」「生意気な部下」と言われ、次第に職場にいづらくなり、自ら退社して以来就職活動することもなく、そのままひきこもりとなる。

(2) 外在化障害を呈している事例

児童福祉領域での相談機関である児童相談所においては、発達障害の外在化障害は、ぐ犯・触法相談として事例化することが多い。ここでは、家庭での養育機能が脆弱で、自律のスキルやソーシャルスキルの未獲得が顕著で反社会的な行動に至った事例について報告する。

●事例C（頻回の万引き）　C君　中学三年生の男児

言葉の出現前に一〇カ月頃から歩き出し、多動な子だった。C君が誕生して直後、父が失踪しそれ以来母子家庭となった。病弱な母は、多動で育てにくいC君の養育に疲弊していたようである。母は、C君の成績が優秀なことが誇りで、生活習慣や社会性の獲得には注目せず、C君が読書や机に向かっていれば安心で、成績良好だとC君の欲しいものを買い与えていたという。小学校高学年になり、友人たちとの親密な付き合いに加わることができず、友人を作りたいという強い思いで、C君自身が大切にしていた本を友人にプレゼントした翌日に本屋に行き、友人にプレゼントした同じ本を万引きした。その後、さらに同じ本が無性にほしくなり、別の本屋で万引きしているところを見つけられ、警察に通報された。C君の自室に行くと、同じ本が数冊隠されており、万引きも常習化していることが判明した。

●事例D（放火）　D君　高校三年生の男児

D君は、知的レベルは境界域で、書字の困難がある。父は思春期の頃、バイク窃盗や万引きなどの問題を起こし、児童福祉施設入所となった経緯がある。D君は幼少期に父からの叱責や暴力があったせいか、注意をうける場面や新奇場面で過緊張に陥り体を硬直させてしまうことが多かった。学校の成績は下位で、目立たない子であったが、中学時代、突然女児にラブレターを渡して気味悪がられたり、自殺をほのめかす内容を紙切れに書いて教室に置いたりすることがあったが、担任によるD君の言動への丁寧な対応もあり、それ以上の問題行動に及ぶことはなく中学校を卒業する。高校入学後、中学のときのようにD君の言動に丁寧に対応する教師や友人はなく、ある教師の対応を被害的にとらえたD君が、教室に立てこもり「こんな学校はなくなればいい」と放火事件を起こす。

3　二次的問題（二次障害）についての予防的視点について

(1)早期発見の重要性

①自己理解につながる診断告知を慎重に行う

報告した全事例に共通することは、発達障害について未診断であることである。本人は、発達障害特性が及ぼす生活場面での不快感や苦痛を持ち続けながら、なぜ生じているのか理解せずにやみくもにつらい思いをしている。このことから発達障害特性の説明と時機をみての診断の告知は、本人が置かれている現状を受け入れる手助けとなり、本人の自己理解を進めるものと思われる。

②本人に関わる周りの理解を深める

平成一七年、発達障害者支援法の成立、平成一九年、特別支援教育の学校教育法への位置づけなど、発達障害支援体制整備が進み、周りの理解も広がってきている。しかし報告した事例は、現在でも一見では見過ごされやすく、発達障害への理解は、支援者や専門家だけでなく本人を取り巻く人々に対しても必要である。本人を取り巻く人々が、発達障害特性を理解し、見守りや必要な支援の度合いを知ることで関係をこじらせることを回避することができ、場合によってはユニークな相互交流が成立する可能性がある。

(2)継続的でライフステージでの必要な時期の支援

①認知特性や感覚の問題に配慮した関わり

自閉症をはじめとした発達障害への支援として、わかりやすい環境の設定や構造化に心がけることは現在では定説となっている。支援者は、さらに具体的な環境設定や活動内容について、事例ごとにアセスメントして、支援の工夫をしていく必要がある。

提示したひきこもりの事例Aは、幼少期、極度のこわがりであることがわかり、早い時期での感覚の問題への対応は必要と思われ、可能な限り苦痛な刺激や環境を回避もしくは緩和することが重要となる。

②バランスのとれた発達支援を心がける

本田(2)は、発達障害事例への支援の原則として、(1)保護的な環境を提供すること、(2)得意なことを十分に保障すること、(3)苦手なことの特訓を極力させないこと、(4)大人に相談してうまくいったという経験を持たせること、と述べており、これらは特別な支援技術というよりは、通常の子育ての原則としても通用する。D・W・ウイニコットも、good enough mother(ほど良い母親)として、特別に優秀な育児能力や育児への強い熱意を持っている母親のことではなく、どこにでもいるような、子どもに自然な愛情と優しさを持って時間を過ごすことができる母であることが大切であると述べている。

発達促進のみを目指した極端な関わりを熱心に行うことよりは、本人の発達特性を理解した上でバランスのとれた子育てや支援が重要であるとも言えるだろう。

(3)その他、特別に留意しておきたいこと

①いじめから守る

「変わった子」「不思議ちゃん」と言われ、多くの大人や子どもから区別され、結果としていじめの状況に及び、深く傷つき自己否定的な感情を抱いたり、場合によっては強い被害感を持ってしまうことがある。本人たちの発達障害特性に(保育士や教師などが)配慮

して、いじめの関係が作られるのを防ぐことが大切である。

②憧れの大人と出会う（本人の趣味や関心ごとを援助する）

専門家や支援者たちの何人かは、成功事例の条件として「カリスマティクアダルト」との出会いがあると述べている。本人の趣味や関心ごと（反社会的もしくは著しく通常から逸脱している内容ではないことを確認した上で）に注目することで、本人が憧れる場所や相手と出会える機会を援助できるかもしれない。

③医療と福祉とを上手に活用する

発達障害支援は、医療領域か福祉領域かの二者択一ではなく、ライフステージに応じて両方を適度に活用することが望ましい。診断や服薬治療などの医療領域と、福祉サービスや療育的支援などの福祉領域を、発達障害者支援センターなどの専門家の助言をうけながら、必要なウエイトで活用していくことが二次的問題（二次障害）の予防につながるものと考える。

〔引用・参考文献〕

(1) 齊藤万比古（編著）『発達障害が引き起こす二次障害へのケアとサポート』学習研究社、二〇〇九
(2) 本田秀夫『自閉症スペクトラム――一〇人に一人が抱える「生きづらさ」の正体』ソフトバンククリエイティブ、二〇一三
(3) 近藤直司・岩崎弘子・小林真理子・宮沢久江「青年期ひきこもりケースの精神医学的背景について」『精神神経学雑誌』第一〇九巻九号、二〇〇七、八三四―八四三頁
(4) 榊原洋一（編著）『アスペルガー症候群の子どもの発達理解と発達援助』別冊発達三〇、ミネルヴァ書房、二〇〇九
(5) 吉田友子『自閉症・アスペルガー症候群「自分のこと」のおしえ方――診断説明・告知マニュアル』学研教育出版、二〇一一

4

当事者の声から1

「他者配慮型ASD者」という視点

片岡《かたおか》　聡《さとし》

私は自閉症スペクトラム障害（ASD）当事者で、知的障害の有無を問わず多様な育ちのASD児・者と深く交流する環境にある。ASDに関しては他者の気持ちが推し量れない、コミュニケーションができないなどというステレオタイプな理解が専門家と言われる人たちの間にすら蔓延している。確かにそのような人たちが存在することは事実であるが、ASD者の一部にすぎない。多くのASDの人たちは、多大な認知的負担をはらい、独自の方法で多数派の健常者とのコミユニケーションをこなしている。そのようなコミュニケーションのあり方の独自性こそが個々のASD者の魅力を形成しているのだ。そして、おおむね五年以上にわたり雇用労働を経験したASDの人たちと接してみると、むしろ人に配慮しすぎた結果として身体的な不調に至り集団適応が困難になる場合が非常に多いと感じる。このように過剰な「他者配慮」の代償としての身体的な二次障害への支援こそ、成人のASD者の支援で欠落している重要な視点の一つである。

本稿ではASD者が「他者配慮」を育ちの中でどのように身につけるのか、他者配慮するタイプのASD者の問題点はなにかを軸に論じてみたい。はじめに私の乳幼児期から小学生までの生育歴を述べ、その後私の育ちにおける「他者配慮」という視点の獲得の問題を考察する。なお、私のASD診断に必要であった養育者からの聴き取り、母子手帳・通知表等による網羅的で客観的な生育歴記述はすでにいくつかの学術雑誌

等に寄稿しており(1)、本稿における生育歴は論旨を補完する範囲での抜粋である。

1 生育歴

(1) 保育園入園まで

私の初語は二歳一カ月で少し遅めであった。初語が遅かったわりには乳幼児独特の構音の未熟さが感じられず突然明瞭な発音で話し出したと、母は診断時の生育歴聴き取りの際に述べている。二歳で絵本を一冊暗記して驚いたとも述べているのだが、正確には絵本を逆さまに読んでいたということなので、暗記というよりは、母による本の読み聞かせを完全に聴覚記憶し、単にそれを再生していたのかもしれない。運動面では普通のハイハイを一度もせず「ずり這い」で移動し、ある日突然不器用に歩き出したらしい。

二歳児にもかかわらず発音の明瞭なことと夜泣きの激しさには六人の子どもを育てた祖母も驚くほどであった。乳幼児期から掃除機とドライヤーの音が極端に嫌いで、これは現在でも続いている。ここ二〇年くらい掃除機とドライヤーは使用したことがなく、部屋の汚さと私のみだしなみは推して知るべしという状態だ。今でも掃除は人が来るときにだけ簡単に雑巾掛けをし、万年床や散らかっているものはクロゼットに平行移動、髪は入浴後自然乾燥である。

二歳から三歳にかけては鉄道線路が大好きで、何冊スケッチブックを与えられても私はひたすら線路の絵を描き続けた。新聞の綴じ込みチラシの裏、スケッチブック等、とにかく紙という紙に手当たり次第、列車のない線路の絵を描いた。まだ歩けないときも一日一回は線路を見に連れて行かないとパニックを起こしたほど、線路そのものや鉄道の信号機には興味があったと母は述べている。今でも私の鉄道への興味は、軌道や信号システムや線路脇の標識で、鉄道趣味の亜型としては比較的まれな分野である。

(2) 保育園

私が三歳になる年の四月、初めての保育園登園のときに大パニックを起こしてしまい、園の一室に内鍵をかけて立てこもってしまった。その立てこもった部屋の扉の木目模様を今でも鮮明に記憶している。同居していた祖母が、私が激しく嫌がっているのに無理やり通園させて心に傷を残してもいけないという賢明な判断をしてくれた。とりあえず一年間は登園せず家で過ごすことになり、その後、四歳、五歳と二年間通っているが、他の園児と遊ぶことは全くなかった。

私にとって保育室というのは大変にストレスフルなところで、一度も昼寝ができないし、保育室中にトイレの臭いが充満しており、他の園児や先生が平気でいられるのが不思議であった。とにかく他児の遊ぶ声が洪水のように聞こえていた。今でもそうなのだが、左右の区別やちょうちょ結びがうまくできなかった。このように突出して変わった子だということは親も保育士も気づいていたが、最低限の危険回避の配慮だけされた状態で、一人遊びに没頭することを許してもらえたのは非常に幸いであった。

感覚過敏の問題の大きいＡＳＤ児にとって、保育室や教室にいることそれ自体が大変に無理を強いられることである。保育室・教室における感覚過敏の困難を緩和する補装具の使用や、感覚刺激の少ない場所を用意することが、近視の児童が眼鏡を着用するように普通のこととなる日がくることを望む。

また私にはＡＳＤ独特の知識欲を満たす図鑑のようなものがふんだんに与えられていたのも幸いであった。図鑑類はほぼ暗記というくらい覚えていて、頼まれてもいないのに近所で「世界で一番速い鳥はハリオアマツバメ」等と言って、就学前から近所では「博士くん」と呼ばれていた。

(3) 小学校

私は小学校一～二年次の担任に大変感謝している。戦争直後から、貧困、差別、障害など様々な子どもの困難を見てきた教師で、困っている人を助けてあげること、体の不自由な人をからかわないこと、外国籍の人を差別しないこと、努力は大切であること等を、実際に関わった子どもたちの例をあげてこんこんと説いていた。

私はこのようなどこの国の一二歳の健常児でも達成すべきシンプルな倫理規範をコトバで明示的に教えることは、ＡＳＤ児にとって社会性の学習や学習偏差値の向上等よりはるかに大切なことだと思う。現在でも私は、「悪意」がない人たちの中では、この教師から教わった倫理規範だけで特に不自由することなく過ごすことができる。健常といわれる人たちはどんなことをすれば人から嫌われるかということを自然に学習できるが、ASD者は「知識として」拠るべきシンプルな対人マナーを教えられた方が望ましいのだ。倫理教育の問題は、特定のイデオロギーの押しつけの問題と混同されやすく大変誤解を招きやすいので当事者として発言しづらいが、ネットで非常に偏向した世界観・障害観を自分の行動規範にしてしまい、それによって人との関わりや自分自身の障害受容がうまくいかない大学生世代のASD者と多く接するに至り、この問題の重要性に気づいた。

小学校までの通学路は片道四キロの道のりで、四季折々の自然の美しさに満ちていた。私の生まれたのは北陸地方で、冬には強い吹雪になることがあり子ども一人では危険なので、低学年のうちは四歳年上の近所の子と一緒に通学していた。下校時も同じ方面の子どもたちはまとまって帰るように指導されていた。私は雲や植物をじっと観察するのが好きでできるだけ一人で帰りたかったのだが、通学時に同学年の他児との交流はさけられなかった。私の遊び場は通学路の他、裏山や川原であり、そこには、集落の子どもたちがつくった「秘密基地」が点在していた。一人遊びと他の子どもたちとの遊びの割合は四対一くらいで圧倒的に一人で遊ぶことが多く、それは私にとっては絶対に必要な時間だった。しかし同世代の子どもと藪の中につくった「秘密基地」を共同で管理する経験、急な斜面で動けないところを年長の子に助けられた経験、畑を荒らして大人にみつかり必死で逃げた経験等は、「他者配慮」を育む上で決定的に重要であったと思う。

その後、高学年になり私はいじめにあうようになり、中学のときは長期の不登校に移行するのだが、一〇歳前後までのASD的な安らぎに満ちた育ちの環境は、高校以降の私の人生に決定的に必要な力を育んだと強く実感している。

2 ASDと他者配慮

現在、私が交流のある成人ASD者は十指に満たない。診断されて以降、「自己診断」も含めASD当事者と称する人たちと出会う機会が多くあったが、多くの人たちは自分がうまくいかない原因を社会、親、行政あるいは発達障害そのもの等、自分以外の他のものに求めていて非常に違和感があった。私の出身大学はいわゆる「難関校」で、社会適応しているがＡＳＤと思われる友人が非常に多かったが、多くは他者配慮に満ちた人たちだった。ＡＳＤ専門家の少なくない人たちは、社会性の障害を説明できる何らかの自閉症の疾病モデルを通してしか人をみることができない。また最近では養育者からの乳幼児期の生育歴の綿密な聴取すら怠っていることが多い。そのため、単にパーソナリティの問題で生きづらい人をＡＳＤと誤認し、痛々しいまでに過剰適応している他者配慮型のＡＳＤに気づき診断、支援につなげることができない。ＡＳＤ専門家の人たちに問いたい。「あなたと交流のある成人のＡＳＤ者があなたにすら配慮しているのを気づいてますか？」

　他者配慮型のＡＳＤ者にも何らかの形での支援は必要と思われる。他者配慮型のＡＳＤの人たちが生きづらさでつまずくと「自己犠牲型」のＡＳＤ者となり、さらに自分を追い込むからだ。

　いま、子どもの育ちを取り巻く環境は極めて過酷になっている。私が一〇歳頃までに経験した、他児との交流の中で穏やかに他者への関わり方や配慮を体得する機会は相当に減っている。そのかわりとして行われるのが、「社会性」や「コミュニケーション」を健常者の平均的なパターンに適合させるためのトレーニングである。このようなトレーニングはＡＳＤ児なりのおだやかな他者配慮の自発的学習の余裕を奪う。育ちの過酷さゆえに他者配慮を育めなかったＡＳＤ者の困難を、すべてのＡＳＤ者が抱える特性と同一視することは子どもの育ちを見守るプロの方々の私たちへの無理解である。

〔引用文献〕

(1) 片岡聡「当事者の手記」『臨床精神医学』三九巻九号、一一三三―一一三八、二〇一〇

5

当事者の声から 2

他者とつながるために必要だったこと

綾屋紗月《あややさつき》

1 情報のインプット／アウトプットの困難

私は当事者研究を通して、自分の持つ特徴を、多くの人と比べて「身体内外からの情報を細かくたくさん、すなわち解像度高く受け取ってしまうために、意味や行動のまとめあげがゆっくりである」と理解している(1)。それによって、情報のインプットにおいてもアウトプットにおいても他者との差異が現れる。その差異は五感のすべてにおいて生じるものだが、ここでは聴覚情報に限定して述べる。

幼少期、私は静かな環境における家族との会話やテレビの視聴においては、聞くことに困っているという実感がなかった。よって、一番初めに自覚された困難は「話す」ことである。静かな場所であっても自分の話す声そのものがうるさくて耳がわんわんする。それを聞きながら話していると自分が何を話しているのかわからなくなる。自分の声を耳ではなく振動で把握しようとして声帯の摩擦を大きくするため喉が痛くなり声も出なくなる……。このような困難が幼稚園に行く前には始まっており、そのため私は声で話すことを早くから避けるようになっていた。

「聞く」ことに対する困難が現れたのは幼稚園や学校の教室という反響音の強い空間に通うようになってからである。教師の声はとても聞き取りづらく、意味を受け取る前に声が消えていってしまうので、私は声という音が消える前に大急ぎですべてノートに書きとめ、それを読むことで授業内容を把握せねばならなかった。休み時間であれば、生徒たちが繰り広げる大騒音の中で、目の前の会話の流れや意味を把握することが至難の業であった。音声で話すことにはすでに高いハードルがあるので、聞き役になるしかない。しかし、文脈が把握しづらいために焦って聞こうとすればするほど、表情の動きや声の特徴といった声の意味以外の細かい情報が次々に飛び込んできて記憶に焼きついた。私は学習もしたいし仲間にもまざりたかったが、どうも自分には参加資格がないようだと思うようになった。

聴覚情報だけでもこれだけの困難が生じるのだから、四〇人前後の生徒が詰め込まれている教室という空間そのものが、そもそも情報が多すぎてさばききれない環境であり、私の身体には合わなかったのだと今ふりかえってみてつくづく思う。「本ばかり読んでないでもっとお友だちとおしゃべりしておいで」「そんなことを質問してくるなんて、ちゃんと話を聞いていなかったお前が悪い」という親や教師の常套句はピンとこない的外れなものだったため、私は正しいことが何かわからず、親・教師に対しても自分自身に対しても不信感をつのらせていった。こうして、細かい情報のとり過ぎで意味がとれないにもかかわらず、「意味を把握できないのは情報収集がまだ足りないからだ」と思い込まされた私は、「もっと情報をとらねば」と不安と緊張を増していき、その結果ますます解像度があがることで、あふれる情報の海におぼれ、疲弊していった。

2 自分の構造を知る

このように私はものごころついた頃から、多数派との原因不明の差異を抱えていた。自分のことがわからないということは「私の身体は、こういう状況のときに、このような反応パターンを持っている」という予測が立てにくいということである。さらにその結果、「自分だったらこのような状況のときであればこういうパターンが生じるのだから、あの人もおそらく今、こう思っているであろう」という推測においても、他者とのズレが生じやすく、自信が持てずにきたと感じている。

これまで自閉スペクトラム症（以下ＡＳＤ）については、社会性・コミュニケーションの障害として語られてきたが、私は自らの経験を踏まえ、身体特性が多数派と違うために、多数派が作り上げている社会性やコミュニケーションに参入しにくいだけではないかと考えている。たとえば、オークスとソロモンによるＡＳＤ児の日常生活を調査した人類学的な研究においても、ＡＳＤ児が抱えているのは社会性の障害ではなく、多数派の社会性とは別の社会性を構築しうる存在である可能性が示唆されている(2)。

このような多数派との差異を抱えた学童期の自分に必要だった対応は、誰かに「気にし過ぎなくて大丈夫」と無責任な励ましをもらうことでも、診断名という粗いカテゴリーでレッテルを貼られることでもなく、「どのような身体特性を原因としてそのような他者との差異が生じているのか」という構造的な要因について、誰かとともに具体的に考察・研究することだったと感じている。それと同時に、歴史的、社会的背景の中で、今を生きる自分がどのような位置や立場にいるのかという、より大きな構造の一部として利害関係に巻き込まれている自分の存在について知ることも、他者との関わりを意識しながら自分の表出をまとめあげる際に欠かせない情報であったと切実に思う。

当事者研究によってその両者を以前よりいくらか把握したことにより、これまでであれば「私は身体の輪郭がない目だけの存在で、ガラスの向こう側にいる他者と切り離されている」と感じ、たまにガラスが消えて他者が関わってきたときには、むきだしの自分の中に直接飛び込まれたようでひどく驚いていたのが、今では「私はおおむね身体にそった輪郭を持つ存在で、ガラスではなく身体の輪郭を境に、他者と切り離されている」という感覚を得るようになり、「いつでも自分との関わりがありうる存在」として他者を位置づけるようになった。また、自分にとって具合が悪くなる環境下においても、「潔く自ら撤退する」「道具を用いて対処する」「自分のニーズを伝えて環境の改善を訴える」など、「我慢してとどまる」「逃げる」以外の選択肢が増えた。さらに、つらくても会話を聞いていたいので、あとで倒れることを承知で「あえてとどまる」という選択肢や、人前であっても気にせず「仮眠する」という選択肢も生まれ、行動の自由の広がりを感じている。

3 会話を〝引き〟で見るための二つの構造的知識

現在、私が人の会話を聞くときには、不安な気持ちでより詳細な情報を得ようとするのではなく、観察的な「引き（ズーム・アウト）の視点」を保ち続けるよう心がけている。以前はできなかった引きの視点が可能になってきた背景には、自分についての構造を把握できるようになったことのほかに、以下の二つがあるように思う。一つは会話の構成員としての個々人が背景に持つ成育環境、思想、資産状況といったさまざまな情報を意識するようになったことである。そのような情報は、会話のあり方や連鎖の仕方に影響を及ぼしているようである(3)。つまり「心（意図・感情・信念）」よりも、マクロな構造的背景に注目し推察することで、会話の仕組みが見えてくることがあると言えるだろう。

二つ目は会話そのものの構造に関する知識を意識しはじめたことである。会話分析の知見によれば、何気ない日常会話であっても、実はルールが存在しており、「このような言葉の連なりで対話をした場合は、相手にはこのように受け取られる」という法則があるようだ(4)。本音や真意といった内面の思いは個人の所作や発話内容のみから推測できるものではなく、複数の話者が織りなす会話連鎖の構造に関する知識をもとにしてはじめて推測できるものであるという(5)。ＡＳＤ者の中には先述の私の経験同様、自分に関する構造的な知識がないために、他者の所作や会話をもとにシミュレーションしづらく、他者の心の推論をすることが不得意なケースもあるかもしれないが、実際はそれだけでなく、会話連鎖の構造を引きで見ることができないか、構造の知識を持たないために、推測がしにくくなっているケースも考えられるだろう。

4 少数派同士がつながれるデザインを生成する

とはいえ、このような会話の構造に対する知識不足を「発達障害者が生まれもった変えられない特性」として安易に結論づけるべきではないだろう。また、会話の構造を知ることが、その会話への同化的適応に終始してはならないとも私は考えている。

われわれが住むこの社会は、多数派の身体に合わせてデザインされている。たとえば、会話においては、聞き手が話し手の発話を理解する際に「話し手はこのルールに従っているだろう」と推論するための、以下の四つのルールが提唱されている。それらを要約すれば「適切な情報量で話す」「真実を話す」「関連した内容を話す」「不明瞭・曖昧ではなく簡潔に順序立てて話す」となる(6)。しかし、多数派とは異なる身体・情報処理の方法を少数派の各々が持つ以上、当然、推論の基準も異なってくる。多数派との「記憶量の多さ／少なさ」の違いは「適切な情報量」の基準の違いとなり、多数派からは逸脱とみなされるであろう。「現実と妄想の区別が難しい」場合は「真実」の基準の差異となり、「連想の多さ／少なさ」は「関連」の基準、「記憶の鮮明さ／曖昧さ」は「不明瞭」の基準、「時間軸なく思い出す」ことは「順序」の基準の差異をそれぞれ生むだろう。

　このような差異をふまえ、われわれは一度、多数派の会話はあくまでも一つの会話の構造に過ぎないと相対化する必要があるだろう。少数派は自分の身体に合わない多数派のデザインに無理に適応させられるのではなく、これまで規範的に感じていた会話の構造から自由になり、少数派同士のコミュニケーションを繰り広げる中で、少数派の身体にふさわしいデザインを新たに生成していかれるのではないかと、私は期待している。

〔引用文献〕

(1) 綾屋紗月・熊谷晋一郎『発達障害当事者研究』医学書院、二〇〇八

(2) Ochs, E. and Solomon, O. (2010). Autistic sociality, *Ethos*, 38(1), 69-92.

(3) P・ブルデュー（著）、石井洋二郎（訳）『ディスタンクシオンI』藤原書店、一九九〇

(4) H・サックス、E・A・シェグロフ、G・ジェファソン（著）、S・サフト（翻訳協力）、西阪仰（訳）『会話分析基本論集——順番交替と修復の組織』（世界思想ゼミナール）、世界思想社、二〇一〇

(5) ジェフ・クルター（著）、西阪仰（訳）『心の社会的構成——ヴィトゲンシュタイン派エスノメソドロジーの視点』新曜社、一九九八

(6) ポール・グライス（著）、清塚邦彦（訳）『論理と会話』勁草書房、一九九八

第4章

自立に向けて学校でできる支援

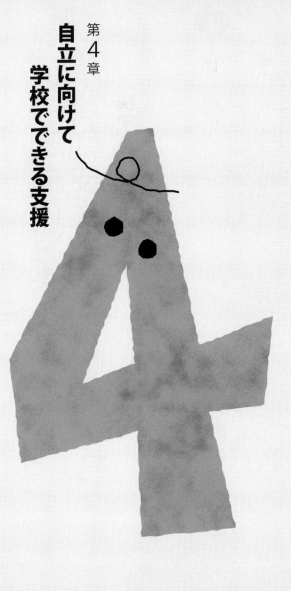

1 子どもの将来を見据えた特別支援教育の取組

田《た》中《なか》裕《ゆう》一《いち》

1 はじめに

平成一九年四月一日に「特別支援教育の推進について（通知）（以下、通知）(1)」が出され、その通知の冒頭、特別支援教育の理念には「特別支援教育は、障害のある幼児児童生徒の自立や社会参加に向けた主体的な取組を支援するという視点に立ち、幼児児童生徒一人一人の教育的ニーズを把握し、その持てる力を高め、生活や学習上の困難を改善又は克服するため、適切な指導及び必要な支援を行うものである」と述べられており、特別支援教育の目的の一つは、子どもたちの自立と社会参加のための教育であると言える。この通知に基づいて、すべての学校園において特別支援教育の体制整備が行われ、発達障害も含めた特別な支援を必要とする幼児児童生徒への理解が進み、指導の充実が図られてきた。

また、日本は、平成二六年一月に「障害者の権利に関する条約（以下、権利条約）(2)」を批准し、それに向けて国内の法令等の整備が行われた。

そこで、権利条約や教育関連の法令等の整備を踏まえ、文部科学省の取組について述べたい。

2 法令等の整備

(1) 合理的配慮

平成二〇年五月に国連で発効した権利条約では、第

24条（教育）において「人間の多様性の尊重等の強化、障害者が精神的及び身体的な能力等を可能な最大限度まで発達させ、自由な社会に効果的に参加することを可能とする」ことを目的とした、インクルーシブ教育システムの理念が提唱されている。その実現にあたり、確保するものの一つとして、個人に必要とされる「合理的配慮」の概念が提唱された。さらに、平成二四年七月には中央教育審議会初等中等教育分科会から「共生社会の形成に向けたインクルーシブ教育システムの構築のための特別支援教育の推進（報告）（以下、報告）(3)」が出され、「合理的配慮」の重要性が示された。

報告では、共生社会の形成に向けて、個々の子どもの教育的ニーズを把握し、能力を最大限まで高めることを目指すとともに、可能な限り、障害のある子どもと障害のない子どもが共に学ぶことができるようにするために、「合理的配慮」とその基礎となる「基礎的環境整備」が必要であるとされている。「合理的配慮」は「障害のある子どもが、他の子どもと平等に教育を受ける権利を享有・行使することを確保するために、学校の設置者及び学校が必要かつ適当な変更・調整を行うことであり、障害のある子どもに対し、その状況に応じて、学校教育を受ける場合に個別に必要とされるもの」であり、「学校の設置者及び学校に対して、体制面、財政面において、均衡を失した又は過度の負担を課さないもの」と定義されている。ただ、「均衡を失した又は過度の負担を課さないもの」については、一律の基準はなく、学校の設置者及び学校の体制面、財政面を勘案しながら、個別に判断すべきである。

そこで、文部科学省は平成二五年度から、インクルーシブ教育システム構築モデル事業を実施し、事業を通して得られた「合理的配慮」の事例を独立行政法人国立特別支援教育総合研究所において、インクルーシブ教育システム構築支援データベース(4)（図1・次頁）に整理し、公表している。各学校園において、合理的配慮を検討する際に、ぜひ活用してほしい。ただ、国・都道府県・市町村・学校等における教育環境の整備（基礎的環境整備）の状況がさまざまであるため、データベース掲載事例は、設置者及び学校園が合理的配慮を検討する上でのあくまで参考情報の一つであり、合理的配慮の実施については、設置者及び学校

図1　インクルーシブ教育システム構築支援データベース　URL：http://inclusive.nise.go.jp/

園が判断することが大切である。

(2)就学先決定の仕組みの変更

「学校教育法施行令の一部改正（平成二五年九月施行）(5)」では、従来は就学基準（学校教育法施行令第22条の3）に該当する障害のある子どもは特別支援学校に原則就学するという就学先決定の仕組みを改め、障害の状態、本人の教育的ニーズ、本人・保護者の意見、専門家の意見、学校や地域の状況等を踏まえた、総合的な観点から就学先を決定することとなった。また、就学を見据えた相談・支援、就学に関するガイダンス等を早期から実施し、保護者や本人に十分に説明することが求められている。

さらに、早期から行われている支援情報について、個別の教育支援計画を活用して引き継ぐことの必要性も述べられている（図2・次々頁）。この改正の趣旨及び内容について、市町村教育委員会、学校園、保護者等が十分に理解し、円滑に障害のある子どもへの教育支援がなされるように「教育支援資料(6)」を公表しているので参考にしていただきたい。

(3)障害者差別解消法の施行に向けて

平成二五年六月に成立した「障害を理由とする差別の解消の推進に関する法律（いわゆる障害者差別解消法）(7)」は、平成二八年四月から一部を除き、施行される。

不当な差別的取扱いの禁止については、国・地方公共団体等、民間事業者も法的義務が課されているが、合理的配慮の不提供の禁止については、国・地方公共団体等は法的義務があるが、民間事業者は努力義務となっている。つまり、国公立学校など行政機関等は、二つの点について法的義務がある、ということになる。

何が不当な差別的取扱いになるのか、合理的配慮の不提供とはどんな状態をいうのかなど詳細な点については、政府基本方針を踏まえ、各省等が取り組みに関する要領等を作成することとなっている(※注)。

3 文部科学省の取組

特別支援教育関係予算は、就学前から自立・社会参加まで幅広い事業を展開しており、発達障害の支援等に関する内容もさまざま盛り込まれている。その中でも特に発達障害に関係が大きい平成二七年度の事業を二つ紹介する。

一つは「発達障害の可能性のある児童生徒等に対する早期・継続支援研究事業」である。周囲の環境の影響によって生じる、学習面や行動面で何らかの困難を示す児童生徒等の学校生活への不適応を防ぐための指導方法の改善、早期支援の在り方についてや教育委員会が主体となり、発達障害の可能性のある児童生徒等に対する各学校段階の移行期における円滑かつ適切な引継ぎ手法(保護者の合意形成を含む)、時期等に関する研究を行うものである。

もう一つは、平成二六年からスタートしている「個々の能力・才能を伸ばす特別支援教育モデル事業」で、高等学校段階の特別支援教育の一層の充実を図るため、指定校において自立活動等担当教員を配置して、小・中学校で実施されている「通級による指導」と同様の取組を、高等学校において研究するものである。あわせて、障害のある生徒と障害のない生徒が共に学ぶ一斉授業での理解しやすい授業づくりや、障害のある生徒の得意分野を更に伸ばす教科指導の充実に関する研究等を実施している。

実施している事業内容や受託団体等の詳細については、文部科学省ホームページ(http://www.mext.go.jp/a_menu/shotou/tokubetu/main/006/h26/1343742.htm)をご覧いただきたい。

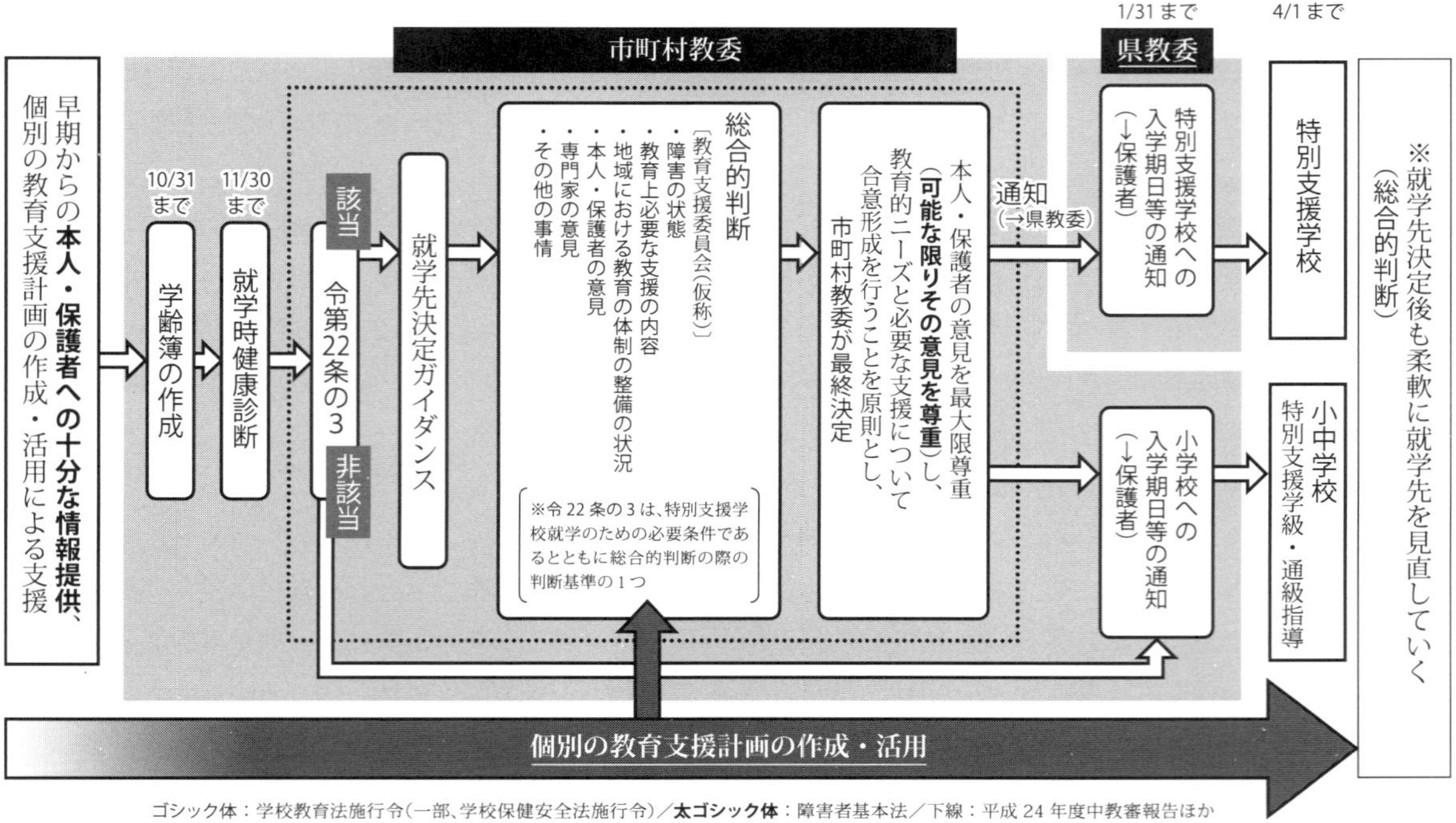

ゴシック体：学校教育法施行令（一部、学校保健安全法施行令）／**太ゴシック体**：障害者基本法／下線：平成24年度中教審報告ほか

図2　障害のある児童生徒の就学先決定の手続きの流れ

4 おわりに

特別支援教育にはさまざまなポイントがあるが、一つだけあげて欲しい、と言われれば、「ＰＤＣＡサイクル（Plan-Do-Check-Act cycle）」とあげたい。支援体制整備や実際の子供たちへの支援を進めていく上で、常に「ＰＤＣＡサイクル」によって現状を分析し、それらをより効果的なものに見直していくことが大切な視点となる。体制整備を進めていく上で、この視点を大切にしていただきたいと思う。

※注　平成二七年二月に政府の基本方針、同年一一月に文部科学省の対応指針、同年一二月に対応要領が策定されている。詳細は左記のＵＲＬを参照。
http://www8.cao.go.jp/shougai/suishin/sadekai.html

〔参考文献〕

(1) 特別支援教育の推進について（通知）
http://www.mext.go.jp/b_menu/hakusho/nc/07050101.htm

(2) 障害者の権利に関する条約
http://www.mofa.go.jp/mofaj/gaiko/jinken/index_shogaisha.html

(3) 「共生社会の形成に向けたインクルーシブ教育システム構築のための特別支援教育の推進（報告）」
http://www.mext.go.jp/b_menu/shingi/chukyo/chukyo3/044/houkoku/1321667.htm

(4) インクルーシブ教育システム構築支援データベース
http://inclusive.nise.go.jp/

(5) 学校教育法施行令の一部改正
http://www.mext.go.jp/a_menu/shotou/tokubetu/material/1339311.htm

(6) 教育支援資料　～障害のある子どもの就学手続と早期からの一貫した支援の充実～（文部科学省初等中等教育局特別支援教育課　平成二五年一〇月発行）
http://www.mext.go.jp/a_menu/shotou/tokubetu/material/1340250.htm

(7) 障害を理由とする差別の解消の推進に関する法律（いわゆる障害者差別解消法）
http://www8.cao.go.jp/shougai/suishin/sabekai.html

2 通常学級で特別支援を進めるために

辻井正次《つじいまさつぐ》

1 はじめに

今回、「通常学級で特別支援を進めるために」というタイトルの中でこの小論を進めていきます。すでに読者の皆さんは理解しておられるように、二〇〇五年から施行されている発達障害者支援法以降、発達障害のある子どもに対しての適切な教育的支援は法的に義務付けられており、今後、障害者差別解消法が施行されると、障害特性に対応した「合理的な配慮」をしない場合、今後は法的責任を問われる可能性も否定できません。今日、むしろ特別支援教育は通常学級を主戦場として行っていくもの、というふうに、教育現場という支援の舞台の構成は組み替わっています。わが国は法治国家ですので、法的に義務付けられたという意味は、教員の個人的な判断でやらなくていいというようなものではなく、すべての教員が当たり前に取り組むものだということはまず理解しておく必要があります。

2 特別支援は、別に特別な支援ではない

そもそも最初に考えておかなければならないのは、「発達障害」であろうがなかろうが、つまり、発達障害とされている自閉症スペクトラム障害や注意欠陥多動性障害や学習障害の診断があろうがなかろうが、発

達障害の「特性」をもつ場合には、教員は特別支援を行わなければならないのが実際です。どうしてかと言えば、子どもの場合、発達障害の診断を受けるためには、保護者が子どもの行動特性が支援の必要なものであると認識し、医療機関に連れていく熱心さをもっている場合にのみ、発達障害の診断をもつわけです。保護者が子どもの問題を直視することを避けたり、潜在的な虐待的な環境下では、不登校や触法行為などの明確な問題を呈するまでは自分の子どもを医療機関に連れていかないので、診断の有無を基にして特別支援を行うかどうかを考えるのはナンセンスです。

発達障害の大多数が、多因子疾患である以上、障害特性の表現は、重度—軽度—正常というスペクトラム（連続体）を取っていきます。従って、あるところで、明確に支援が必要だという場合に、発達障害として支援サービスが提供されるようにする一方で、診断までいかなくても同じ特性があるならば、同じ特別支援を提供することが必要です。今まで、子どもの問題行動を家庭環境の問題や本人の意欲の問題ととらえる視点が教育現場には強くありました。しかし、生まれながらの生物学的な基盤の違いを想定し、それでもすべての子どもが幸福に生きられる力を育てていくには、子どもの特性に合った教育を行うことを当たり前と思うスタンスが求められます。「普通の子ども」と「障害児」がいるのではなく、いろいろな特性（それは時に障害と呼ぶほど日常生活で困るものであることもある）を、各々の濃さでもっている子どもたちがいると考えるのが大事でしょう。

3 子どもたちのもつ「多様性」をどう扱うのか

しかし、教育現場での今までの指導スタイルでは、クラスという一斉形式の中でコントロールしていく手法が取られることもありました。しかし、実際に子どもたちが、各々の特性（例えば、不注意があるとか、社会的な他者の意図や感情の理解が苦手とか、漢字の学習が苦手とか……）を、各々の分量でもっているとして、そうした多様性をどのように扱うのかは難しい問題です。また、そうした特性が単独であるかといえば、そういうわけでもなく、複数の特性が重なる場合が少なくありません。例えば、自閉症スペクトラムと不注意特性や不器用、学業問題はオーバーラップして、同時に起こります。さらに言えば、障害特性個々の大変さよりも、いくつかの特性が重なる場合の方が支援が困難にもなります。そうすると、特性がオーバーラップすると、足し算ではなく、掛け算で問題が複雑になります。それらに加えて、特性が複雑な場合ほど育てることの難しさが増すので、虐待のリスクが高まります。虐待的な育ちをすると、子どもの困った行動は一気に増悪します。

こうした問題を、学校という場所で教師が扱っていくことはできるのでしょうか？　もちろん、力量の卓越した教員はやりこなすのかもしれません。しかし、そうでなければ教育ができないということでは決してないでしょう。教師は「障害特性」を相手に教育するわけではありません。障害特性のある子どもたちを教育し、学校生活を充実した、楽しいものにしていくのです。そのためには、いかに障害があるかに視点を置くのではなく、障害特性のある子どもの「行動」に着目し、教科ごとの取り組み等の一つひとつが「できる」ことで充実した時間を過ごし、そうして「できた」ことが認められることで楽しい毎日を創ることができます。

4 教員の頭の整理からスタートする特別支援実践

さて、「行動」で子どもを見ていくというのは、当たり前のようで当たり前ではないものです。問題のある子どもの問題は報告できても、同じ子どもがどの程度他の場面でうまくやれているのかはわからない場合をしばしば目にします。いかに子どもが困った行動をするのかを細かく見るのは大事ではありますが、それ以上に、どういう場面ではうまくやれている行動（適応行動）があるのかを知るのが重要です。

教師が発達障害のある、もしくは特性のある子どもの相談に来た場合、私は「この子どものできていること／できていないことを大まかな場面ごと（授業中や朝の時間、休み時間、給食の時間など）で、箇条書きで書いてきてください」とお願いする場合が多いです。もちろん、現在ある困った問題へのとりあえずの対応方法を知ることは重要です。しかし、そもそもの子どもの様子を知らないと、特別な支援として何をすればよいのかはわかりません。

もちろん、スクールカウンセラーが、（例えば、Vineland－Ⅱ適応行動尺度などで）適応行動のアセスメントを行って、そうした客観的な指標を用いて、平均的な同年代の子どもと比べての適応行動を把握するやり方もあります。しかし、そうした把握ができるスクールカウンセラーが多いわけではないので、まずは、子どもたちの状態を「行動」で書くことで把握し、教師の頭の整理をしていくことから始めます。そこで、多くの場合は、子どもたちが「できている」こともあることを見つけることが大事になります。そして、「できるようになる」ために「努力しようとしている」行動を見つけることも大事です。そうした肯定的な視点で子どもを見た場合、「努力しようとした」子どもを誉めやすくなります。ちなみに、「誉める」ことは、「できたことを〝できたね！〟と言葉にして伝える」行為です。いつも手遊びばかりしている子どもが筆記用具とノートを出したら、すかさず「ノート書く準備ができたね！」と伝えることで、子どもは「誉められた」と感じられます。

5 教科指導は特別支援教育の根幹

特別な支援というと、教科指導以外で子どもに対応する特別な方法での支援、例えば、箱庭で遊ばせるとか、そんなイメージを浮かべるかもしれません。しかし、実際、箱庭で遊ぶことに実質的な効果は期待できません。魔法のような効果を何かに求める必要はありません。とりわけ教師は、教科指導という魅力的な指導手段をもっているわけなので、そうした魅力的な指導手段で、子どもたちに多くの「できる」体験を提供することができます。逆に言えば、教科指導で、子どもたちに「できる」体験を提供できないと、特別支援の意義は薄れます。そうした意味では、知的な意味での学習能力が平均的な同年齢の子どもと比べて著しく低いような場合、学年相応の学業を無理なのに取り組ませようとすることは、「できる」体験を提供できなくさせますので、それは子どもにとって合理的な配慮を欠く行為であると私は考えています。子どもの現在できる課題から取り組む、つまり、年齢相応の学業課題以外のことに取り組む、ということが大切です。障害や特別支援に対するスティグマ（差別意識）から、

「勉強はできなくていいので同じ場所に置いておく」という判断をするとすれば、それは子どもの適切な学習の権利を損なう可能性が高いと私は思います。もちろん、子どもが「できる」教科は学年相応の課題に取り組むことになるでしょう。

知的な問題はなく、過敏性で大人数でのクラスでの取り組みが難しかったり、不注意で集中困難があり一斉指導での教師の話が頭に入ってこない等の場合、そうした子どもの特性を理解しつつ、かなり個別的な配慮をした学習の取り組みや教育評価の手法の修正が求められます。特に、学習障害のある子どもの、読み書きや漢字、計算のできなさに対する把握は重要で、できないことにはできないなりの理由があるので、安易に家庭環境や意欲を原因とせず、効果的な指導方法を探ってみるのが大事です。子どもごとでの個別課題の取り組みで成果が上がる場合はとても多いものです。

6 教科指導以外の場所での指導も重要

衝動性が高く行動のコントロールが悪いような場合、授業中はまだ適応的に取り組めても、休み時間や自由度の高い場面で、教師が目が離せない状態であることも少なくありません。休み時間などは多くの子どもたちにはリフレッシュする時間ではありますが、子どもによっては混乱し、行動の乱れが多くなります。こうした場合、子どもと話し合って、休み時間のうまくいく過ごし方を具体的に提案することも大事です。他者と楽しい時間をもつためには、どの場面でどういうルールを守ればいいのか、口で説明されてもわからないことも多く、また、他害のある場合、被害を受けた子どもたちの立場も考えて、例えば休み時間に過ごす場所を工夫するなどの配慮も必要です。発達障害のある子どもや特性のある子どもだけではなく、すべての子どもにとって楽しい学校生活を創るために、現実的な過ごし方の工夫が重要です。

〔参考文献〕

(1) 辻井正次・NPO法人アスペ・エルデの会(編)『楽しい毎日を送るためのスキル――発達障害ある子のステップアップ・トレーニング』日本評論社、二〇一二
(2) 辻井正次『発達障害のある子どもたちの家庭と学校』遠見書房、二〇一三

3 子どもたちの自立につながる個別支援計画とは

安達《あだち》 潤《じゅん》

1 自立に求められること

本稿で筆者に求められたテーマは「発達障害の子どもたちの自立を目標とした個別支援計画づくり」である。しかし個別支援計画だけで自立を実現できるわけではないことを最初に確認しておきたい。三組の当事者ご夫婦の恋愛と結婚生活をテーマとする論考(1)で、筆者は発達障害の子どもたちの教育において最も大切なことは「自分自身と向き合って自身と自身の特性を知り、その特性とうまくつき合うための工夫ができ、他者とのかかわり合いから学ぶ姿勢を持ち、社会の中で自身が果たせる役割を見いだして自分らしく生きていけるような成長を支えていくこと」であると指摘し、特別支援教育に第一に求められることは「子ども同士の基本的信頼感が損なわれない学級経営」であることを述べた。この主張は自立の本質が社会的なものであって個人的なものではないことと密接に関連している。本稿では右記の観点に沿って発達障害の子どもたちの自立と個別支援計画について論じたい。

2 自立への道を子どもの育ちから考える

社会的自立に直近のライフステージである思春期・青年期までに、発達障害の子どもたちは不適応を深めている場合が少なくない。発達障害の子どもたちの多

	よさ・できること		気になること	
	本人について	環境について	本人について	環境について
項目	記入内容 〜〜はできている 〜〜が得意 〜〜なよい状態になってきた	記入内容 こんな場所や時ならできる こんな人や物とならできる このように関わればできる その他、子どもの育ちに プラスの出来事など	記入内容 〜〜はできづらい 〜〜は苦手 〜〜の状態が気にかかる	記入内容 こんな場所や時にしない、 できない こんな人や物だとしない、 できない このように関わるとしない、 できない その他、子どもの育ちに マイナスの出来事など。
生活面	ここに書くことは…睡眠、食事、排泄、衣服の着脱、清潔の習慣、生活時間や行動範囲など、生活全般に関することです。			
	・家で、洗濯干しや食器洗いの手伝いをていねいにしてくれる。	・手伝いの約束をメモに書いておくと、その通りしようと努力する。	・就寝時間が遅く、朝起きできない。 ・何でも聞いてからでないと行動に移せない。	・はやくしなさいと言うと余計にできなくなってしまう。
行動・性格 感情・感覚	ここに書くことは…行動や性格の特徴、感情の起伏や気持ちのコントロール、敏感さや鈍感さ、などです。			
	・物事への関心が増えた。 ・思いやりがある。	・自分なりに理解できたことは安心して行動に移せる。	・突然の事柄にうまく対応できず、理解できないことには泣いたり固まったりする。	・強要されたり、説明が納得・理解されなかったりした時に、左記のような状態になる。
学習面	ここに書くことは…得意な教科や苦手な教科、家庭学習の様子、学習意欲など、学習全般に関することです。			
	・図工や絵が得意。 ・算数が得意になってきた。	・自分で絵に描いてイメージ化する（図解する）と理解ができる。 ・わかりづらいことも具体的に説明すると、理解できる。	・体験したことを想起しづらい場合がある。 ・作文や国語の感情の読み取り、文の流れを理解することは苦手。	・テストで解らない時でも1つの問題をずっと考えてしまう。 ・図解すると理解できるが、時間が足りなくなってしまう。
場面やルールの理解 人との関わりや言葉	ここに書くことは…大人や友だちとの関係、「ことば」などコミュニケーションの様子、場面やルール、社会的常識の理解などです。			
	・友達と楽しく接している。	・色々なことをメモにして、忘れないようにしている。	・相手の感情や表情を読み取るのが苦手で、上手くコミュニケーションが取れないことがある。	・友達が会話していたり、何かに集中している時に、割り込むように話しかけたりして、嫌な顔をされることがある。

図1 「すくらむ」子ども理解シート（通常級：小5女児の例）（北海道教育大学特別支援教育プロジェクト，2012[6]）

くは、生後初期から情緒的崩れやすさや睡眠覚醒リズムの乱れ、周囲の状況の意味理解困難による行動上の失敗や不安感、就学後は学業面での困難感を体験するが、「失敗の理由が本人には見えない」ために失敗感に加えて対処不能感が蓄積され、さらには対人トラブルも重なってくる中で他者への拒否感と自己否定感が醸成されてしまう(2)。発達障害の子どもの自立における最重要課題は、こういった二次的問題の回避である。そのために幼少期から思春期・青年期まで支援を切れ間なくつないでいく個別の支援計画の作成が求められる。

そこで、大切なことは、本人の適応上の課題だけでなく、本人のアドバンテージ（よさ・できること）にも焦点を当てつつ、本人と周囲の人との関係性も視野に含めた個別支援計画の検討である。実際、適応が良好な小学生から成人の高機能広汎性発達障害児者二五名の生育歴を検討した研究(3)では、家族関係の良好さ、得意教科の存在、ほめられ体験、良好な大集団適応、環境調整支援等の背景要因が把握されている。自立に向けた個別支援計画には、これらの諸条件を実現しつつ、子どもの育ちを支えていく視点が求められるだろう。

3 個別支援計画作成に求められるアセスメントとは

先の研究(3)が発達障害の子どもたちの自立に示唆することは、幼児期からの本人・家族支援の大切さである。個別支援計画は家族との連携を視野に入れつつ、生活スキル、遊びや学習、社会性の支援等を環境調整の観点で描かねばならない。環境調整によって子どもと家族の生活が変われば家族は希望を持てるし、子ども自身は「やりようがある」という体験を通じて自分を信じていけるからである。

北海道の上川管内（旭川と近郊二三市町村の行政単位）では先の観点を軸に、『上川版個別の支援計画「すくらむ」～育ちと学びの応援ファイル～』という支援ファイルの作成・活用を進めており、母子手帳と一緒に全戸配布することで子育て支援からの発達支援を目指している町村もある。その詳細は別の論考(4)(5)を参照願いたいが、「すくらむ」では個別支援計画の基礎となるアセスメントとして、「子ども理解シー

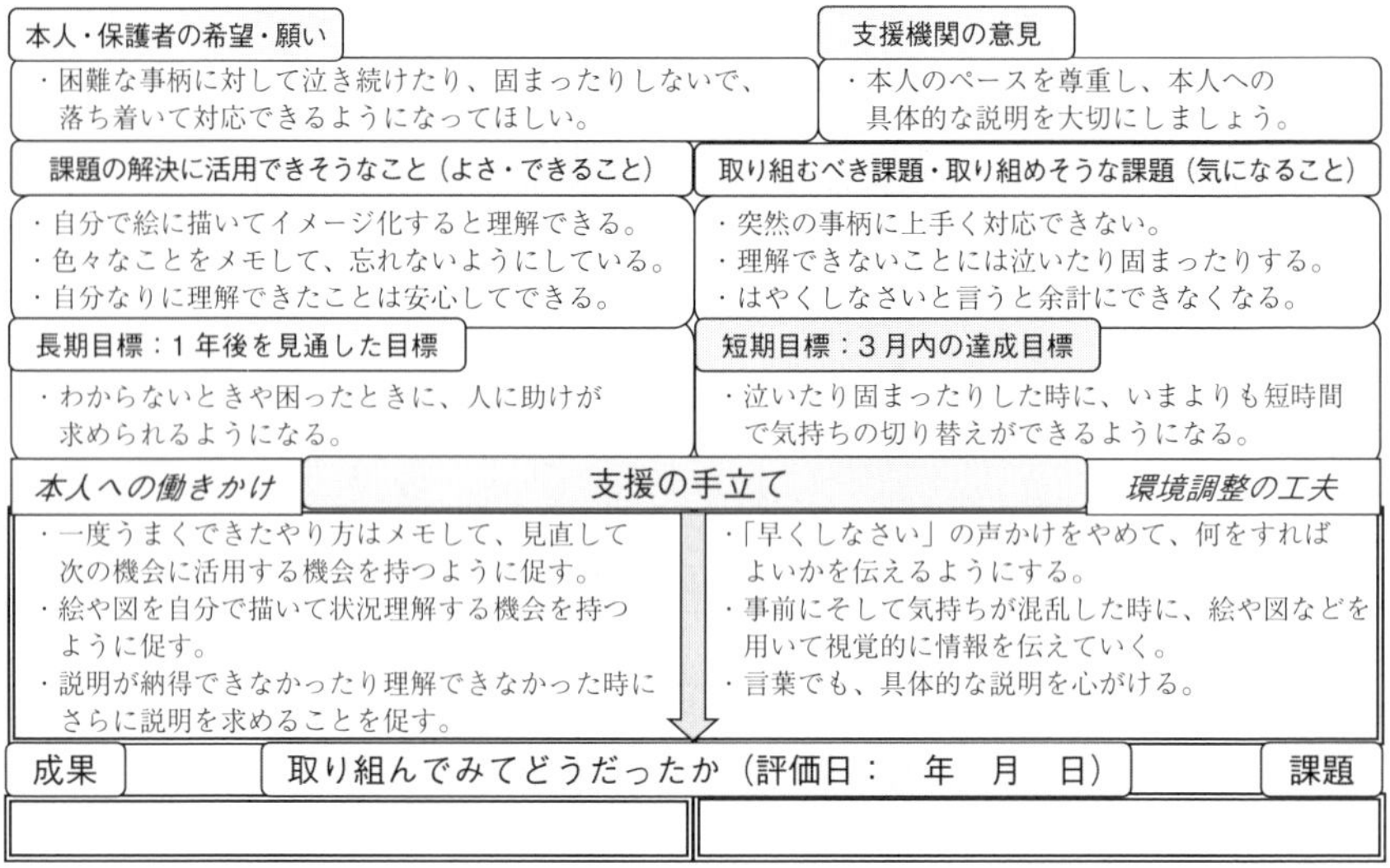

本人・保護者の希望・願い	支援機関の意見
・困難な事柄に対して泣き続けたり、固まったりしないで、落ち着いて対応できるようになってほしい。	・本人のペースを尊重し、本人への具体的な説明を大切にしましょう。
課題の解決に活用できそうなこと（よさ・できること）	取り組むべき課題・取り組めそうな課題（気になること）
・自分で絵に描いてイメージ化すると理解できる。 ・色々なことをメモして、忘れないようにしている。 ・自分なりに理解できたことは安心してできる。	・突然の事柄に上手く対応できない。 ・理解できないことには泣いたり固まったりする。 ・はやくしなさいと言うと余計にできなくなる。
長期目標：1年後を見通した目標	短期目標：3月内の達成目標
・わからないときや困ったときに、人に助けが求められるようになる。	・泣いたり固まったりした時に、いまよりも短時間で気持ちの切り替えができるようになる。
本人への働きかけ	支援の手立て	環境調整の工夫
---	---	---
・一度うまくできたやり方はメモして、見直して次の機会に活用する機会を持つように促す。 ・絵や図を自分で描いて状況理解する機会を持つように促す。 ・説明が納得できなかったり理解できなかった時にさらに説明を求めることを促す。		・「早くしなさい」の声かけをやめて、何をすればよいかを伝えるようにする。 ・事前にそして気持ちが混乱した時に、絵や図などを用いて視覚的に情報を伝えていく。 ・言葉でも、具体的な説明を心がける。
成果	取り組んでみてどうだったか（評価日：　年　月　日）	課題

図２　「すくらむ」個別支援計画（通常級：小５女児の例）
（北海道教育大学特別支援教育プロジェクト，2012[6]）

ト」（図1・前々頁）を用いている。保護者と教員（支援者）がこのシートを共同作成することで「よさ／苦手さ」および「本人／環境」の視点から子どもの全体像を理解し共有することができる。このことが家族の子ども理解を促し、自立への一貫した支援の基盤づくりにつながるのである。

4 自立につながる個別支援計画とは

先述したように、子どもの自立を実現するためには本人・家族支援を環境調整の観点で具体化する必要がある。図2は、図1の情報に基づいて作成した「すくらむ」個別支援計画の一例である。ただしスペースの問題もあり図2に示す児童の課題は「突然の事柄に上手く対応できず、理解できないことには泣いたり固まったりする」ことのみとなっている。

「すくらむ」の個別支援計画は支援の手立てが二軸構成となっており、図2では言葉かけや情報伝達の観点からの配慮事項が「環境調整の工夫」として、その環境調整の工夫を本児が自身のスキルとして獲得していくための働きかけが「本人への働きかけ」として記載されている。

このように自立に向けた個別支援計画では環境調整支援の観点を軸としながらも、本人がその活用スキルを獲得していくことを計画に含めるべきである。

また家族支援の観点から考えると個別支援計画を家族と共有することは重要であり、支援の手立ての内容が家庭での本児に対する支援の基本的枠組みであることを確認し合うことが大切である。さらに図2の最上部にある「本人・保護者の希望・願い」と「支援機関の意見」の記載にあるように、双方が意見を交わして支援の共通のスタートラインを描くための工夫も個別支援計画には必要不可欠である。

5 個別支援計画から個別指導計画へ

個別指導計画とは、個別支援計画を個々の課題に特化した具体的支援をその内容とする。

個別指導計画を作成する際の留意点は、課題の特徴によって、課題解決の具体策を検討するための適切な基本的枠組みを選択することである。行動問題であれば機能分析(7)の考え方が有用であろう。機能分析の詳細にはここでは触れないが、図2に示す行動問題では「本児はやるべき作業内容が十分理解できないときに（セッティング事象）、『早くやりなさい』などの声かけをされると（直前のきっかけ）、気持ちが乱れて泣いたり固まってしまい（行動問題）、結果、作業は中断される（行動を維持させる結果事象）」ということになるであろう。よって具体的な指導計画では先の分析結果に該当する日常生活場面をすべて特定し、各場面における行動誘発要因（セッティング事象と直前のきっかけ）および行動維持要因（結果事象）を操作する計画を立てることとなる。その方向性はすでに図2の個別支援計画に示されているが、個別指導計画ではその方向性を各場面に応じて具体化していくことが必要である。

また学習上の困難については課題分析から本児のつまずきを把握して本児のアドバンテージを活用した環境調整支援を行うことが求められる。例えば図1の「作文が苦手」という課題の場合、本児のつまずきが体験の想起にあれば「メモを使って忘れないようにしていること」が活用できるし、体験の記憶の整理と再構成にあれば「絵を描いてイメージ化すると理解できる力」を活用することができるであろう。

子ども自身の「よさ・できること」が課題解決につながる個別指導計画の作成によって、子どもは「自分の力で自分の課題をなんとかできる」という体験を得る。もちろん、新たなスキル獲得が求められる場合もあるが、それを自分の力に繋《つな》ぎ足すものとして位置づけることで新たな学びの意味合いも明確となるであろう。個別指導計画には子どもの自信と新たな学びへの積極性を醸成することが求められるのである。

6 現在から将来を見据えた個別支援計画の作成

以上に加えて、自立に向けた個別支援計画を作成する際に留意すべき点がある。それは発達障害では、大多数の子どもが自然に獲得していく生活スキルが思春期・青年期の段階で抜け落ちてしまっている場合のあることである。発達障害の子どもの育ちには多くの支援が必要となるが、支援の存在が本人も周囲も当然となってしまう経過の中で、自立に必要な日常生活経験が狭くなりがちなのである。最近この問題はライフスキルトレーニングの必要性(8)として提起されているが、例えば調理や洗濯、駅で切符を買うこと、さらには駅構内でキップの紛失に気づいた際の対処など、自立生活に必要不可欠なスキルである。個別支援計画には、その時々の支援と適応の関係を捉え返して、将来の自立生活が課題提起する内容を配置していくことが求められる。その意味で、個別支援計画には一貫して自立への視点、すなわち支援内容を本人の生活スキルへと移し込んでいくことが求められる。そして、その先に把握される将来への次の課題を新たな個別支援計画に配置する「螺旋状の支援の積み上げ」を通じて、発達障害の子どもたちの将来の自立は実現されていくのである。

〔引用・参考文献〕

(1) 安達潤「自分らしい『幸せのかたち』が見える自立に向けて特別支援教育がすべきこと」『実践障害児教育』二〇一〇年六月号（四四四号）、学習研究社
(2) 安達潤「軽度発達障害を持つ子どもの思春期」

『児童心理』二〇〇五年六月号臨時増刊（八二五号）、金子書房
(3) 安達潤・萩原拓「生涯にわたる支援の視点から学齢期における支援のあり方を考える」『精神科治療学』二四巻一〇号、星和書店、二〇〇九
(4) 安達潤「地域での発達障害に対する一貫した支援のあり方について」『児童青年精神医学とその近接領域』五二巻三号、二〇一一
(5) 安達潤「子どもと家庭に向かい合うコンサルテーションとは」『児童心理』二〇〇九年一二月号臨時増刊（九〇六号）、金子書房
(6) 北海道教育大学特別支援教育プロジェクト『「すくらむ」研修パッケージ』（ＤＶＤ＋ＣＤ-ＲＯＭ）、二〇一二
(7) 志賀利一『発達障害児者の問題行動——その理解と対応マニュアル』エンパワメント研究所、二〇〇〇
(8) 小貫悟・東京ＹＭＣＡ ＡＳＣＡクラス『ＬＤ・ＡＤＨＤ・高機能自閉症へのライフスキルトレーニング』日本文化科学社、二〇〇九

4 さまざまな体験を積ませるサポート

尾崎《おざき》ミオ

1 ユニークな子が、のびのび成長するには……

今の世の中、とくに「みんなちがって、みんないい」などと心地よいスローガンをかかげつつも、同質性を求める傾向が強い日本で、多数派の子どもたちとはちょっと（かなり?）違う発達障害のある子が、その個性を存分に発揮しつつ、のびのびと生きるのは難しい。

多くの親や先生は、休み時間に友だちにはまったく興味を示さずアリの観察ばかりしている子に対して、「なんてユニークな子なんだ。将来はアリ博士かも！」と感動するより先に、「集団になじもうとしない」「友だちがいない」と心配する。まわりの反応などまったく気にせず自分の意見やアイデアをバンバン述べる子を、「何かのパイオニアになるかも」と応援するより、「空気を読まない」とため息をつく。

実際、私が運営にかかわる東京都自閉症協会の高機能自閉症・アスペルガー部会（以下AS部会）の親の茶話会でも、「友だちと遊ばない」「集団から浮いている」「みながで きることができない」「先生に問題児扱いされている」などの悩みを聞くことが多い。私も同じ親として、その不安はよくわかる。不安定な社会状況の中で、「将来、社会でやっていけるのか」「この子は仕事につけるのだろうか」……と、親の悩みはつきない。

2 体験を拡げること、深めること

けれども、私は一〇年弱、ＡＳ部会を運営し、たくさんの成人当事者や家族と接してきて、親や周囲の大人が不安にかられてリスクマネジメントを強化し、当事者の行動や経験を制限&コントロールすることは、よい結果を生まないと考えるようになった。

大人が子どもの行動を制限&コントロールすると、子ども自身の課題を解決する力を奪うばかりか、自主性や意欲をつんでしまう。結果、「やりたいことがない」「自分に何がむいているのかわからない」など、仕事や社会参加に意欲が薄い、ひきこもり系を量産してしまうリスクが高い。

ある成人当事者は、「親や先生の期待にこたえたいと、興味のないことに対して努力をしてきたが、努力してもうまくいかず、コンプレックスが強くなるばかりだった」「自分が本当に好きなものは、誰にも理解してもらえない。言ったらバカにされると思っていた」と、子ども時代を振り返っていた。この告白からわかるように、しばしば発達障害のある子どもの支援は、「多数派の文化の押しつけ」というパターナリズムに陥りがちだ。私は、発達障害のある子どもが、自分の好きなことをみつけ、のびのびと生きるためには、「体験を制限しないこと」、もっと言えば「体験を拡げることや深めること」が大切だと考えている。

アリの観察に没頭できる子は、思う存分アリの観察を続ける方がいい。人と違う意見やアイデアを思いつくのは素晴らしいこと。「友だちと遊べ」「みんなと一緒」と強要するより大事なのは、その子の特異性や才能を、まわりの大人が発見し、リスペクトすることだ。大人が、みなと同じように行動できることを目標にしてしまうと、最悪の場合、発達障害のある子の唯一無二の才能は無残につまれ、多数派に参加するための〝中途半端〟な社会性だけをはぐくむ結果になる。不得意なことを努力した結果、自分が本当に好きなことや夢中になれる時間を失ってしまう代償は大きい。

3 大切なのは、課題を解決していく経験

「子どもたちは生きていくに当たって、人生のさまざまな課題に直面することを回避することはできな

い」(1)。哲学者でアドラー心理学者の岸見一郎先生の言葉だ。目の前にたちはだかるさまざまな課題を、子どもたちはそれぞれの方法で解決しながら成長する。

中でも、発達障害のある子は、通常の子より多くの課題に直面することが多い。そして、成長のプロセスではたくさんの失敗やトラブルも経験する。だからといって失敗やトラブルを避けるために課題を回避すると、課題を解決するチャンスも同時に失ってしまう。

実際、発達障害の成人当事者でひきこもりになってしまったり、なかなか仕事につけない人と接していると、圧倒的に「経験の積み重ね」が不足しているタイプが多いと感じる。中には、長期の不登校やひきこもりで、家族以外との接触がほとんどない人や、チームで何かに取り組んだ経験をもたない人もいる。

彼らは自分に自信がなく、失敗を極端に恐れる。きっとそれは、自身で課題を解決した経験に乏しいからではないか。「面接を受けるのが怖い」「バイトも続かない」という彼らの話を聞いていると、子どもの頃から、失敗もトラブルもふくめて、さまざまな経験を積んでおくことの大切さを痛切に感じる。年齢を重ねれば重ねるほど、失敗が怖くなり、他人の評価を過剰に気にする傾向が強くなる。

痛手の少ない子どものうちに、失敗しても「やり直せばいい」「なんとかカバーできる」「他人が助けてくれる」と、失敗を恐れない感性をはぐくむには、どんな援助が必要なのだろうか?

4 失敗をネガティブな評価にしないための勇気づけ

「失敗は経験の母である」という言葉通り、ひとつの失敗は決してそこで完結するわけではなく、何かを学んだりスキルを身につけるキッカケになりえる。

けれども特に、長期的な見通しをもつことが苦手な発達障害のある子どもは、「失敗」を「すべてがダメになった」「自分はダメなニンゲンだ」と短絡的にとらえやすい。「失敗」＝「ダメ」とネガティブな感情だけを結論にしないためには、失敗をポジティブなキッカケに変えていく情報提供や助言があるといい。

状況を把握するのが難しい子の場合は、一緒に、「どうして失敗したのか」を分析したり、「失敗しないためにはどうすればいいのか」を考え、次に備えたい。「違う方法を使えばうまくいった」「入念に準備をすれば、大丈夫だった」など、「失敗はフォローできる」ということを実感できる体験が大切だ。

また、迷惑をかけた人に謝る、尻拭いをするなど、まわりに対する対応が、信頼関係を継続する上で重要であることも伝えたい。「失敗した」という経験だけでなく、いじめられる、からかわれる、叱責されるなど、失敗したことによる他人との摩擦は、ネガティブな自己評価につながりやすい。摩擦がおきる原因として、発達障害のある子がその特性から周囲への対応を誤り、「謝らなかった」「わざとやっている」「やる気がない」など、誤解を受けている可能性がある。大人が彼らの行動をみきわめ、失敗を必要以上に咎めないのはもちろん、誤解や摩擦が生じていないか、まわりの子どもたちの言動にも注意をはらいたい。

5 自信をもつために、経験のバリエーションを拡げる

発達障害のある子どもの多くは、いずれ学校生活の中で、自分の凹凸や、他人との違いを意識しはじめる。それは自己認知を深めるチャンスであり、子どもが成長していくプロセスにおいて重要な場面だが、ともすると「違う」ということがネガティブな評価につながりやすい。なので「ちょっと違う自分」に自信をもつためには、日ごろから多様な価値観や文化と触れるチャンスをつくることも大切なのではないかと思う。

できれば、家庭・学校以外の文化に触れる機会があるといい。私の知っている発達障害のある子どもの中には、お母さんが通っていた陶芸教室にハマってしまった子や、高齢者施設で囲碁のボランティアをしている子もいる。学校でダメでも、ほかの場所がある、広い世界のどこかには自分のことを分かってくれる人がいる、居心地のいい場所がある、力を発揮できる機会もある、と思える経験が大切だ。

6 たいがいのことは、どうにかなる

私には、不登校から高校中退に至った経歴がある。私が通っていた高校は、閑静な住宅街にあり、穏やか

なお坊ちゃま&お嬢さまが生徒の大多数をしめていた。その集団の中で、「サーカスのアコーディオン弾きになりたい」と思っていた私は異端であり、学校からは「問題児」のレッテルをはられていた。何とか無理して通っていたものの、遅刻・欠席を繰り返したあげく、追い出されるようにして中退。当時の私は「自分の居場所なんて、どこにもない」とたそがれていた。今から思えば、恐ろしく暗い思春期だった。

そんな私を救ってくれたのは、母が必死の思いで探してきたアートスクール。当時はフリースクールやチャレンジスクール（不登校児も受け入れてくれる公立高校）など皆無で、最後の砦だった。自称「空気建築家」という怪しい肩書きの校長先生は、自己主張の強いオシャレをしていた私をみるなりニコニコと満面の笑みで、「あんたみたいな子が大物になるんや。楽しみやなぁ」と言ってくれた。当時、難しい子育てに疲弊していた母は、「そのひとことで救われた」という。

そして、そのアートスクールで、私はこれまでの私の人生には登場しなかったタイプのクリエイティブ&破天荒な先生方や、アーティスト志望の個性豊かな友人と出会うことができた。常識破りのハチャメチャな人たちが、七転び八起きの人生を実践している様子をまのあたりにして、「いろんなニンゲンがいる」「いろんな生き方がある」「正解はひとつじゃない」、そして「たいがいのことは、どうにかなるものだ」と学んだ。

確かに、命さえあれば、たいがいのことは、どうにかなるのだ。これは、失敗や窮地を乗り越え、さまざまな体験を積めば、実感できる。

親や先生の不安は、子どもに伝染するが、同じように希望も伝染する。まわりの大人が希望をもって大らかに生きること、そして、「何があっても大丈夫」と子どもを信頼することが、のびのびと世界に羽ばたく発達障害を育てるコツではないかと思う。

〈引用文献〉

(1) 岸見一郎「勇気づけられた子どもはどう変わるのか」『児童心理』二〇〇八年一二月号臨時増刊〈子どもを勇気づける心理学〉、金子書房

5 本人の特性を尊重した学習環境づくり

水間《みずま》宗幸《むねゆき》

1 はじめにかえて

まず紹介したいのが、私が小学校二年生の頃の体験である。

恐竜を題材にした説明文の学習の宿題で、「この話を読んで、初めて知ったことを答えなさい」という設問があった。幼少期から自宅の百科事典の恐竜のページを熟読していた私は正直に「ありません」と解答すると、担任教師はサンカクを付けて書き直すように求めてきた。仕方なく適当に「〇〇サウルスがいたこと」と書き直すと、マルをもらえることとなった。

この体験はいたく心に残り、学校を含め社会というのは正直であることよりも、相手が求めているものを応えることが正解なのだと理解した。

それから三〇年以上経過しているのだが、先日私が担当した受講数約七〇名の教員免許更新講習の場で、受講している教員にこのような場面でマルを付けるか、サンカクを付けるか、バツを付けるか尋ねたところ、意外にもマルにすると答えた教員はわずか三名程度であった。残りの教員のうち約半数ずつでサンカクとバツであった。

三〇年以上の時を越えて、改めて自分の解答が許されていないものであることを痛感した次第だ。

2 「多様化する」ということ
――教師という環境

偏った領域への興味関心と驚くほどの記憶力を持ち、社会性に困難さを持つ自閉症スペクトラム障害（ASD）の子どもの場合、このような混乱はより大きなものとなって生じることが容易に予想できる。

先ほどの私の体験にたとえるならば、私以上に知識は豊富で確かなものである。聞かれたことにも正直に答えている。しかし正解とは認めてもらえない。それ以上に困難なのは、どうすれば正解と認めてもらえるかということが私ほどうまく理解できない。つまりここに社会性の困難さが表れてくるのである。

ここで考えなければならないことは、第一にその答えに至った認知や思考というプロセスの多様性を、採点する教師がどのように理解しようとしているのかということである。そして第二はこのような設問に対する正解の理由を教師が子どもに対して説明ができるかという点である。

インターネットをはじめとし、子どもが何かを学ぶという環境は多様化している。個人に蓄積される経験も家庭という環境が非常に大きく関連している。ならば「結果」として同じ解答であったとしても、そのプロセスは千差万別で、この点を子どもの一人ひとりの個性や育ちの違いを通したうえで受け止めることができなければ、教師の対応は子どもを傷つけるだけとなってしまう。その結果として、自分の本心とは異なる「求められた答え」に敏感で、極端に偏った価値観を持つ子どもが生じたとしても仕方がない。

二〇年以上も前に竹内はこのような問題に対し、「過剰な反応」と指摘している。学校教育の中での試験とは教師あるいは出題者の意図を先取りする訓練を強いることであり、そのために私たちは他人の期待に応えようと常時緊張しているのだという(1)。

二〇〇三年に行われた「OECD生徒の学習到達度調査（PISA）」では、思考プロセスの習得、概念の理解、及び様々な状況でそれらを生かす力が問われている。調査の結果、日本の生徒は、「テキストの解釈」、「熟考・評価」、とりわけ記述式の問題を苦手としていることが明らかになった。そしてこの能力は、「生きる力」に直結するとしている(2)。特にOECD平均よりも五％以上高い無答の問題数の割合は、選択課題が〇％に対し自由記述は六〇％となっている。つまり単純な選択問題は答えられても、正解が見えにくい自由記述は極端に苦手で書けないということである。プロセスではなく出題者の意図するものに応えてきた結果として当然と言えよう。そしてその出題者の意図が正解であると疑わない教員が採点すれば、なおさらである。

私たちを取り巻くすべてが環境だとするならば、学校における教師は、紛れもなく大きな環境である。現行の教育システムの問題以前に、子どもたちの多様性に適応できていなければ、すべての子どもたちの可能性の芽を摘むことに十分なり得るものである。

3 教師という「環境」が果たす役割

少し遠回りをしたが、子どもたちにとって学校における環境としての教員の存在の大きさは理解してもらえたと思う。ではその教員は環境として、どのような役割があるのか検討する。

杉山はＡＳＤの子どもたちへのかかわりで重要なこととして、第一に毎日の健康的な生活の維持、第二に治療とは生活や教育であること、第三に子どもが達成感や自己肯定感を得られることを挙げている(3)。第二と第三の視点は、特に教師の役割が大きい。

私が教員向けの講演等で必ず尋ねることは、授業がスムーズに進んでいるときにどれだけ子どもたちをほめているかということだ。授業がスムーズに進行しているときは、特に問題が生じていないときであり、授業態度が素晴らしいときであろう。そうであれば、その授業態度こそ、ほめるに値する行動であると言える。ほめられればその行動（よい授業態度）を継続しようとするだろう。その結果、よい授業態度をさらに強化することができるようになるだろう。「できて当たり前」ではなく、「すでにできている」ことをほめることがどれだけできるだろうか。

日本の文化は恥の文化であり、察することを強いる文化である。どちらもＡＳＤの子どもたちには理解することが難しいことばであるが、「恥ずかしいからやめなさい」「どうすればいいか、自分で考えなさい」は学校や家庭においてよく聞かれることばであろう。「ほめて伸ばす」ということが基本的に下手な文化だともいえる。日本人はほめることが苦手であり、だからこそ意識してほめるという行動をとる必要が生じる。

最近よく聞くのが、何かできればシールを与え、それを何枚かためるとご褒美がもらえるという、トークンエコノミーの単純な導入と失敗である。確かに取り組みやすそうな実践方法ではあるが、失敗には同様の原因が見て取れる。最初から難しい課題に取り組ませようとしているため、教師も子どもも失敗経験しか得られず、ともに挫折するというものだ。

このような場合は、例えばランドセルを所定の場所に置くなどすでにある程度できている課題を設定し、回数も比較的低めに設定しておき、できたらこんなにすてきなご褒美（週末に好きなＤＶＤを借りにいけるなど）が得られるという成功体験から入る必要がある。つまり家庭と学校の連携のもと、教師も保護者も子どもも、ともに成功体験を味わうことによって子どもの可能性への手ごたえを感じる。このようなすてきなサイクルの中で、新しい、少しだけ困難な課題にともに取り組もうという試みが初めて可能となるのである。そして生活が少し改善されたとき、これが杉山の言う治療であり、発達障害を持つ子どもの望ましい行動への変容の成功であり、適応であり、達成感となるのである。特別支援教育とは、このようなほんの少しの改善や達成感の積み重ねなのである。

4 発達障害という多様で個性豊かな子どもたち

現在の日本における発達障害の定義では、学習障害（ＬＤ）、注意欠陥多動性障害（ＡＤＨＤ）、高機能自閉症等となっている。しかし実際にはこれ以外にも発達性協調運動障害や軽度の知的な遅れ（いわゆる知的障害ボーダー）などを含め、重複して持つ子どもが多い。また虐待のリスクも考えると(4)、複雑な問題をたくさん抱えている子どもたちととらえる方が建設的な考えである。これらをひとくくりに「発達障害」とする紋切り型の対応は、適切な支援にはつながらない。「自閉症スペクトラム障害」という用語のごとく、その状態像は連続体（スペクトラム）であり、苦手なことや困り感は当然ながら個人によって異なる。

このような診断レベルでの特性と考えられることに含めて、近年大きな課題だと考えられているのが感覚と感情の問題である。感覚の問題では、特に過敏性が問題になることが多い。実際に蛍光灯が瞬いて見えるという子どもが存在するほど、彼らの過敏性は想像以上である。これに聴覚の過敏性が加わると、教科書をめくる音や机がきしむ音などに敏感になってしまい、とてもではないが教室にいられないという状況になってしまう。夏の教室など窓が開けられ扇風機の音がするなど、さらに環境は悪化する。嗅覚に過敏性があれば、保護者の授業参観などは化粧品のにおいで気分が悪くなってしまう。保健室登校や不登校の原因にも十分なり得るものである。

実際にこのような子どもたちには、偏光グラスだったりイヤーマフや耳栓だったり、マスクに好きなにおいのエッセンシャルオイルを少量つけておくことだったりという対策を進めている。奇妙かもしれないが、ヘッドフォンとサングラスとマスクを付けた子どもが学校の中で珍しくない光景は、今後十分にあり得る。

一方、感情の問題とは、今感じている感情がうれしいのか悲しいのかわからないというものである。そのため私の臨床現場では、「ほっとする」感情を集めようという指導を行っている。おいしいものを食べたり、温泉やお風呂に入ったりするときの気持ちを確認しようというものである。日常的な感情のコントロールに必要な基盤は「ほっとする／リラックスする」といった感覚だと考えるからである。この経験がなければ、落ち着けと言われても、どの状態に自分を持っていけばいいかわからないということが生じてしまう。

日常的なちょっとした周囲の工夫が、彼らに生きる力を与え、学習意欲を高め、自己肯定感を育む。「認められた／できた」体験の積み重ねが、卒後の大きなこころの支えになり、安定就労へとつながるのである。

〔引用文献〕

(1) 竹内敏晴『「からだ」と「ことば」のレッスン』講談社、一九九〇
(2) 文部科学省「読解力向上に関する指導資料――PISA調査（読解力）の結果分析と改善の方向」二〇〇五
(3) 杉山登志郎「自閉症臨床の三〇年を振りかえる」『実践障害児教育』二〇〇七年七月号、学習研究社
(4) 杉山登志郎『発達障害の子どもたち』講談社、二〇〇七

6 将来につながるソーシャルスキルトレーニング

岡《おか》田《だ》則《のり》将《まさ》

1 はじめに

現在、通常学級の担任が大変苦労をしているという現状がある。毎日の授業の準備に加え、子どもたちの学習上の支援はもちろんであるが、それよりむしろ、「話を聞いていられない」「ちょっとしたことですぐにカッとなってしまう」「その場の雰囲気を読めないで行動してしまう」「内容は正しいが言われた相手が困ることでも平気で口にしてしまう」「自分の思いをうまく相手に伝えられない」などの生活上の支援の方に多くの力を注いでいる。また、どのように支援したらよいのか悩んでいる担任も多い。こうした状況の中、担任だけではすべての子どもに十分な支援が提供できない現実がある。

そこで、特別支援教育が担うべき役割の中で重要なものが、ソーシャルスキルトレーニング（以下ＳＳＴ）であると考える。

2 ソーシャルスキルトレーニングとは

ＳＳＴは、日本語では「生活技能訓練」と訳されている。医療機関から教育機関、福祉機関と幅広く実施されているが、ここでは小学校でのＳＳＴについて考えていきたい。

ＳＳＴでは「コミュニケーション」や「問題解決能

力」を学習し、「うまく社会（学校）で生活していくコツ」を身につけていくことが目標になる。しかし、「自分はそんな必要はない」「そんなことはできている」と思っている子どもが多い。そうすると効果は小さくなってしまう。最大限に効果を引き出すためには、「自分が苦手で困っている」ことについて、それを改善するためにはどんな方法があるのかを先生や友だちと一緒に考えて、練習していく必要がある。

手順としては、まずはその子の実態を調べた上で、その子と話をし、どんなことでつまずいているのか、困っているのか、よく注意を受けるかなどを共感的に聞き取り、課題を明確にしていく。私が実態を調べる際には、ソーシャルスキル尺度(1)の使用が有効であった。担任に記入してもらい、エピソードを聞き取って、担任から見る課題を知る。これは本人の困り感と必ずしも一致しているわけではない。むしろ、本人の生きづらさと周りのかかわりづらさは違うことが多い。これがうまくいかない原因の一つになっている。このような子が自分の苦手なこと、不得手なことを客観的に知ることが大切である。

SSTを行う際、よくある事例は、「被害者」と「加害者」の逆転である。周りからは、あの子はいつも急に怒りだし、一方的に手を出すとの評価を受けている子がいる。その子の言い分としては、「あいつらはいつも僕をからかい、否定し、ケンカを仕掛けてくる」からケンカになってしまうと言う。お互いに「相手が悪い、自分は被害者である」と主張する。双方とも初めは楽しく話をしていたと言うが、それを楽しくできないようにしたのは相手だと言う。これはお互いの社会的な許容ラインの違いで起こることである。こういった事例では、社会的なルールを知ることと同時に、自分がどんな行動を取っているのかを子どもたちが客観的に知ることが、問題を解決していくのに必要となってくる。

社会的なルールや適切な行動を教えるSSTの技法としては、「教示」「モデリング」「リハーサル」「フィードバック」「般化」というものがあり、図1（次頁）のような流れで指導していく。その中でも「フィードバック」をうまく行えるかが重要であり、SSTの弱点でもある。担当者がいつも側にいるわけではないので、担任や保護者の協力が必要不可欠になってくる。その場、その場で適切な評価をして行動を改善し

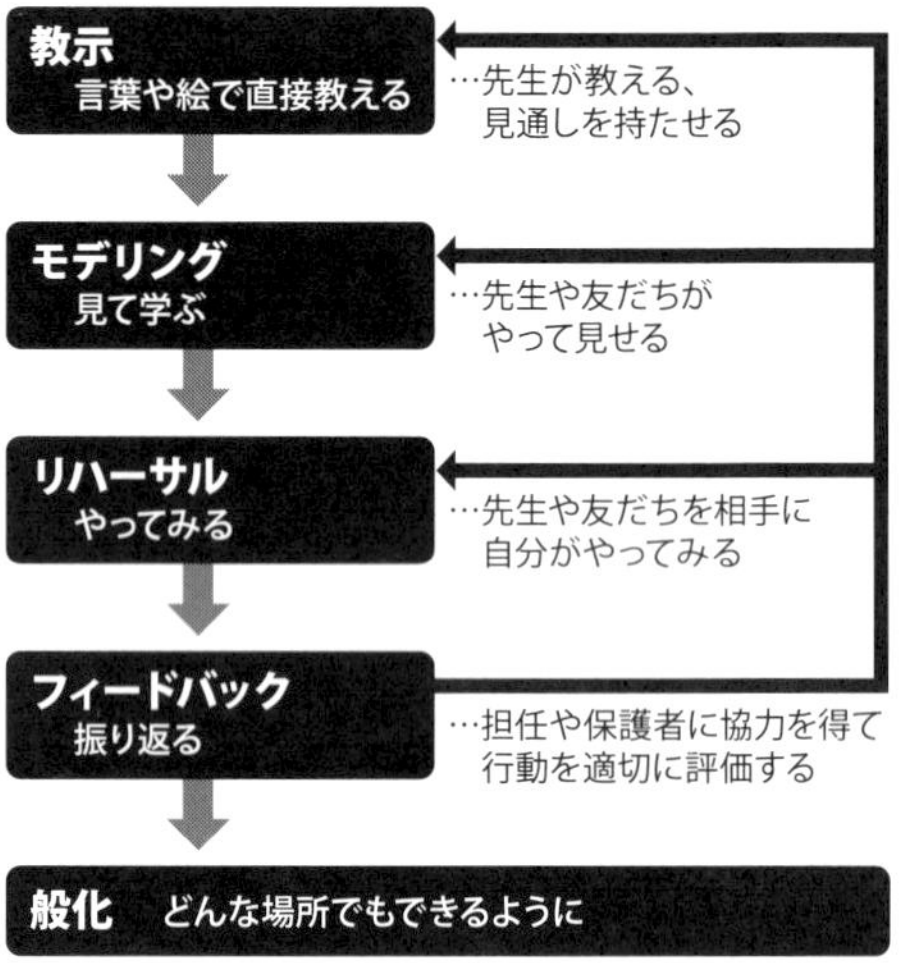

図１　ソーシャルスキルの指導方法
（上野・岡田, 2006[1] より改変）

たり、賞賛して行動を強化したりすることが「般化」に向けて重要であり、また難しい点である。

ＳＳＴを行っても、すぐには適切な行動ができないことは少なくない。だが、確実によい方向に向かっていることを評価しながら支援を続けていくことが大切である。

小学校のＳＳＴで大切なことは二つ、「自己認知」と「信じられる大人」の存在を知ることだと考えている。以下、その二つについて詳しく解説する。

3 「自己認知」について

自己認知とは「自分を知る」ということである。もちろん、自分を本当に知るということは、大人でも難しいことである。しかし、自分の得意なところ、苦手なところ、よくトラブルになってしまうところ、いつも注意されることなどを知ることであれば、小学生でも可能であろう。

また、社会的なルールを知っていても、自分の行動を客観的に見られない（あるいは見せられても納得できない）と行動を変えることは難しくなる。自分の「つい、そうやってしまう癖」を、自分で知ることが、この子たちの生きづらさを改善していくために必要であると考える。

たとえば、すぐに相手に手を出してしまう子について考えてみよう。

将来的にも相手に「手を出すことはいけないこと」であることを教えるのはとても大切なことで、これはだれもがそう指導するであろう。

ただ、本人は「あいつがあんなこと言ったからそうしたんだ。あいつがあんなことを言わなかったら、僕はそんなことをしなかった。だからあいつが悪いんだ」と訴える。ここで教師は、「理由はどうであれ、手を出した君が悪い」と言ってしまわないようにしたい。そう言ってしまうとこの子は、自分は悪くないと思っているから、また同じことをしてしまうだろう。

私は、この子たちのこの「理由」を理解してあげることがとても大事であると考えている。その子によっていろいろな理由がある。「否定的な言葉」だったり、「攻撃的な態度」であったり、「ちょっと体が触れたこと」だったり。周りからすると、「そんなこと……」で片付けられてしまうことが、本人には重大な「理由」になっていることが少なくない。たいていの大人はそれを理解してくれないと思っている。だから、高学年になると言い訳をせずに謝り、早くその怒られている場から逃れようとする。ただ、ここでも自分が悪いと思っていないので、同じことを繰り返し、また怒られるという、負のスパイラルに陥ってしまう。そして、だれも信じられなくなり、学校に行くことがつらくなり、不登校に向かっていく。その後も、家に引きこもり、自分の世界だけで過ごすことを選んでしまう子どもたちがいる。これは完全に二次的な障害である。

ここで大切になってくるのが「信じられる大人」の存在である。

4 「信じられる大人」の存在

小学校時代に「信じられる大人」とかかわることは将来の安定した生活を考えるときにとても大切なことになってくる。子どもたちには、自分のことを理解してくれて、一緒に改善策を考えてくれる大人が側にいるということを体験させていく必要がある。

先ほどの事例でも、本人が理由を話したときに、

「そう思ったら腹が立っちゃうよね」

「そんなふうに感じるんだ」

「それはわかるな」

などと、まずは話を共感的に聞いてあげることが大切である。

そうすると子どもは、

「あいつはあのときもそうだった」

「僕はああ言われるととっても腹が立つんだよね」と、どんどん話が出てくる。

そんなときは「うん。そうか」とうなずきながら聞いてあげる。共感的な態度で話を聞いてあげることで、子どもとの距離は格段に近くなる。子どもとの距離が近くなり、信頼関係が生まれてくるとこちらの話や提案を肯定的に聞いてくれるようになる。

信用していない人の話と信頼を置いている人の話では、本人にとってどのくらい吸収度が違うか容易に想像できる。

この関係が小学校時代にしっかりと構築されていくことが望ましい。そうすれば、中学校、高校で、また形の違う支援も受け入れられ、結果としてストレスが少ない生活が送ることができるだろう。

保護者や教師、そして友だちを信用し、困ったときには相談ができ、必要な支援を受け入れられる人間に育っていってくれることが教師としての願いである。

そして、その子が将来自立し、社会参加していくことがＳＳＴの本当の目標である。この目標を保護者と共通理解し、協力し合いながら、さまざまな教育的ニーズをもっている子どもたちを支援していくことが小学校の特別支援教育に求められていることであると、私は考えている。できれば、小学校卒業後もこのような支援が継続されて欲しいと願っている保護者は多いであろう。

〔引用文献〕

(1) 上野一彦・岡田智（編著）『特別支援教育 実践ソーシャルスキルマニュアル』明治図書出版、二〇〇六

7 医療・福祉機関との連携
――学校・教師が中心となってできること

近藤幸男《こんどうゆきお》

1 なぜ、子どもを医療・福祉等の専門機関につなぐのか？

横浜市では、平成二〇年度から「通級指導教室支援センター機能推進事業」により、通級指導教室の担当者がその専門性を活かし、通常の学級を担当する教師に対して支援を行っている。私も五年間で市内の数十校から派遣要請を受け、それぞれの学校に赴いて支援を行ってきた。依頼の内容は、特別支援教育や発達障害全般に関する啓発を目的とした校内研修会の講師が最も多いが、最近は具体的なケースへの指導の助言を求められることが増えてきた印象がある。

その中でよく耳にするのが、派遣先の教師たちからの次のような一言である。

「あの子は、絶対何か（発達障害を）持っていると思うんです。でも、保護者はなかなか医療機関には行こうとしてくれないんですよ。どうしたら、うまく医療機関につなげられますかねぇ？」

こうした言葉に出会うたびに、私は次の質問を返すことにしている。

「先生は、どのような目的で、そのお子さんを医療機関につなごうとしているのですか？」

残念ながら、この質問に対して得心のいく回答が得られたことはあまりない。つまり、子どもたちを医療・福祉等、外部の専門機関につないだ後のヴィジョンが、学校側にないことが多いのである。

そもそも、そうした子どもたちが、仮にうまく医療・福祉等の専門機関につながったとして、そこで何をしてもらうことを、これらの教師たちは期待しているのであろうか。さらに述べれば、医師から発達障害等の診断が出て、専門的なサポートが開始された瞬間に、「この子のケースは、自分たちの力の及ぶ範囲ではない」として、その子どもを教育することからも撤退しかねないようなニュアンスを感じてしまうことがある。

2 専門家ゆえに、できること・できないこと

例外はあると思うが、通常は医師をはじめ、心理士、ソーシャルワーカー等、高度な専門性をもつ職種ほど、できることは限られている。

また、医療・福祉等の担当者は、子どもと個別対応をすることが基本である。そこに保護者が介在したとしても、個別対応の枠組みであることは変わらない。医療・福祉等の担当者には、数十人から数百人の同年代の集団の中で、一人ひとりの子どもたちを育てようとする学校教育の営みは、理解や想像のしにくいものであろう。

そうした集団活動を基本とした学校での生活に、子どもたちがうまく適応するためのノウハウを、医療・福祉等の担当者に求めるのは筋違いと言ってよい。それは、教育の専門家である教師が責任をもって行うべき仕事であって、彼らの仕事ではない。このことを、私たち教師はよくわきまえておかなくてはならない。

3 医療・福祉等を上手に活用して、教育の質を上げる

先にゴールを示すなら、このことである。

私たち教師は、子どもたちの教育を司る立場にある。しかし、昨今は従来の教授法や学習方法だけでは、うまく教えられない子どもたち・学べない子どもたちが増えているのも事実である。そこに、医療・福

祉等、他の専門家との連携・協働という新たな必要性が生まれてくる。

私は、教育活動の質を上げるためには、

①学校の中だけで培われてきた伝統的な価値観、あるいは教師の個人的な職人的感覚等に頼って積み上げてきたものに、さらに臨床の視点や科学的なエビデンス（根拠）を加え、より信頼性や妥当性のあるものにする。

②教師という単一職種だけで、すべての課題に対応しようとする意識は改め、その子どもに関わる複数の支援者がネットワークを構築し、チームで支援していくという視点を持つ。

ということが極めて重要であると考えている。

医療・福祉等の専門的な立場から得た助言をもとに、教師は自分自身の生徒理解、すなわちアセスメントの精度を上げ、その生徒の特別な教育的ニーズに合った指導・支援の在り方を精査していく必要がある。

特に中学校は、三年間という短いスパンでしか、教師はその子どもに直接関わることができない。他の専門機関と連携をとり、その子どもの「次のステージのサポート先」を作っておくことは、高校等、中学校卒業後の進路先を決めることと同様に重要であるはずである。

余談であるが、家族が後期高齢者となり、その介護に関わるようになると、②の多職種によるチーム支援の感覚を実感することができる。そのキーパーソンが、ケアマネージャーである。現在の日本の特別支援教育には、このケアマネージャーに当たる部分が十分ではない。今後は、通常の学級での良好な勤務実績を持ち、特別支援教育にも精通した優秀な特別支援教育コーディネーターが、各校に専任として複数配置されることを期待する。

4 医療・福祉等をどのように活用するか

さて、その子どもが医療・福祉等の専門機関にすでにつながっているケースである場合、教師はそれをどのように活用したらよいだろうか。中学校の教師は、生徒の学力評価や行動観察をはじめ、保護者や他の教師等からその子どもの特別な教育的ニーズに関する情報を収集し、それらを基に指導・支援の目標や、そのための手だてを模索することが多いと考えられる。

そこでの一番の悩みは、「自分たちが立てた目標と方法は、はたして正しいのだろうか？」ということではないだろうか。すなわち、自分たちの教育実践には、科学的かつ社会的な妥当性と信頼性があるのかということである。

中学校では、学級担任がただ一人でその子どもの指導・支援についての課題を抱え込むことは少ない。必ず学年の教師集団でそれを検討し、組織に一定の理解ができてからそれを実践する。しかし、従来の指導・支援の方法が通用しないようなケースであれば、別の対応を考えなければならない。特にその生徒の学校生活における不適応が、生来の障害特性に起因するものであると予想される場合は、やはりその道の専門家に意見を求める必要がある。

私が現在も懇意にしている医師や心理士、ソーシャルワーカー等は、私にとって指導・支援が困難なケースの担当をしていた専門家たちである。服薬した際の具体的な効果と副作用、注意集中の振り分けの困難さ、本人の将来的な自立や就労を見通したサポートのあり方についての見解など、校内組織だけでは得難い示唆を得ることができ、実に有益であった。

また、彼らにしても自分の担当ケースの子どもが、在籍中学校で実際にどのように生活しているかということは、教師という専門家を通じて、はじめて知ることができるものである。それは、彼らの治療や支援の見直しにも有益であることが多い。

私は、本人・保護者の了解を得られれば、直ちにそれらの専門家に連絡して意見を求めるとともに、学校での子どもの様子を具体的な事実に基づいて、可能な限り客観的に伝えるようにしている。

5 教師が医療・福祉等といかにしてつながるか？

子どもをつなげるよりも、まずこちらに熱心になるべきである。

しかし、かつての私自身もそうであったが、一般的な教師にとって、医療・福祉等の専門機関はその敷居が高いイメージがある。場合によっては、こちらが電話を一本かけただけでも、保護者に高額な医療費の負担を強いることにもなりかねない。そんなふうに逡巡しているうちに、大切な機会を失ってしまうというのが実情であろうか。

幸いにして、横浜・川崎周辺には、教師とのコラボレーションに積極的な医療・福祉等の専門家が多い。私は、そんな彼らと月一～二回程度の「勉強会」に参加して、情報交換を行っている。そこに集まる医師・心理士・精神保健福祉士・社会福祉士・保健師・保育士・言語聴覚士・作業療法士等の専門家との議論は、実に刺激的で楽しい。時には勉強会後に酒杯を傾けながら、お互いの本音をぶつけ合うこともある。

こうした営みは、すでに医療・福祉等につながっている子どもやその保護者に、子どもを中心とした「支援者のネットワーク」を示せることになり、大きな安心感を与える。

最近は、フェイスブックやLINE等、さまざまなSNSの普及で、支援者相互の連絡も格段に取りやすくなってきた。教師の日常が多忙を極めることは、経験上重々承知しているが、まずは、関連学会や研修会等に自ら足を運び、他職種の専門家たちと直に会って言葉を交わし、名刺を交換することから始めたい。

6 自分自身を開くために

社会の急速な変化とともに、子どもやその保護者のニーズは多様かつ複雑になっている。それに対し、学校や教師のできることは限られている。「熱心な先生」による丸抱えの発想からは、もはやほとんど何も解決できない。ましてや学校外の専門機関への「丸投げ」では、相互に不信感と失望しか残らない。学校と医療・福祉機関の連携・協働は、まさに喫緊の課題である。

このような状況の中で、いま教師に求められているのは、自己開示する力ではないだろうか。それを可能にするような心理的活動拠点（自分の「心の根っこ」を支える居場所）を、教師自身が持つ必要があることを、最後に付け加えておく。

8 つまずき・二次障害を考える
――「他者視点」を手掛かりに

中野育子《なかのいくこ》

人は誰でも、何度もつまずきながら成長していく。つまずくと、確かに痛いし、つらい。でも、「転ばぬ先の杖」はそうやすやすと手に入るわけではないし、あったとしてそれほど使い勝手がよいとも思えない。それよりは、実際につまずいたり転んだりしたときに使える杖があって大怪我にならずに立ち上がれる方がよいように思う。その方が足腰も鍛えられ、次の石を上手に避けたり、乗り越えたりできそうである。

1 つまずき・二次障害

二次障害とは、発達障害のある個人と環境との相互作用により生じた状態や症状を指し、それが本人にとって苦痛であったり、日常生活に支障を来すもの、と考えられる。何らかの精神障害として診断できるもの（例えばうつ病や強迫性障害、行為障害など）に限るという考え方もあるが(1)、ここでは、精神障害には至らなくとも、「つまずき」や「つまずきによって起こった状態や症状」を含めて考えたい。具体的には、登校しぶりや不登校、いじめ、自傷、パニック、過去の嫌な体験を生々しく思い出すようなフラッシュバック（タイムスリップ現象）、度を超す興奮や、暴言、暴力などが挙げられよう。これらは、長期化したり繰り返されることで、深刻な精神障害へと発展することもあり、早期に気づき、対応することが重要となる。

さて、同じ発達障害の診断であっても、その人の

「人となり」は個々異なるのは当然である。その個体差は例えば、持って生まれた気質、性格、知的能力、身体の健康度、発達障害のありようや強弱を含めた違いなどによっても異なる。環境側の因子も様々で、養育環境、友人、親族、知人などとの人間関係、教育環境など、あらゆることが含まれる。この両者が生まれた瞬間から相互に作用し続けるわけだから、その臨床像は当然十人十色となる。結果、相互のあつれきから生じるつまずきや二次障害も千差万別であるし、必要な対応も異なる。このように、ひとりひとりの個別性はきわめて高いと言わなくてはならない。

それを踏まえた上で、ある程度の類型化が可能であれば、支援や関わり方を工夫しやすくなると思われる。ここでは「他者視点」を中心に整理してみたい。

2 他者視点について

「他者視点」とは、相手が自分をどう見ているかを推測したり、自分と周囲を比較、評価するといった、自分自身を客観化する視点である。自閉症スペクトラムのある子どもは、他人が考えていることが分りにくいことから、「心の理論」の発達が障害されている[2]、と考えられているが、「他者視点」はさらに、もう一歩進んで、相手が自分をどう見ているかを推し量ることと言える。

ここでは次の二人の架空のケースを紹介したい。

(1)小学二年生のA君

勉強もよくでき、真面目で、小さいときから「しっかりしている」と褒められてきた。幼稚園でもマイペースながら、友だちの輪の中に入っていた。しかし、最近母親は、「何となく他の子から浮いているような気がする」と心配し始めた。学校や友だちの中にいる様子を見ていると、その場にそぐわない言動が増えてきて、もう「しっかり者」や「大人びている」では済まなくなっているようなのだ。ある日、他のお母さんから、クラスでからかわれていると聞き、慌てて本人に確かめると、「そんなことないよ」と言う。学校に相談に行くと、担任は事実を認めながらも、苦笑いをしつつ「A君に相手の気持ちを考えない言動があるので、他の児童ばかりを指導するのは難しいのです」と言う。A君にも非があるという言い方であった。

(2) 小学六年生のB子さん

五年生になった頃から女子グループの会話に入るのが苦痛になり始めた。毎日繰り返される噂話やアイドルの話題に興味が持てない。それまでは誘われて輪に入っていたが、最近は居心地がよくない。「周りとはどこか違うような」気持ちと「そんなはずはない」との思いの両方がある。段々と自然に話すことができなくなっていて、話しかけられたときにどう答えれば相手に嫌われないかをいつも考えている。相手の表情や言葉を読むのにも必死だ。常に張り詰めた状態で、家に帰るとくたくたに疲れている。一人になっても日中のことが思い出され、場に合った会話ができなかったと後悔しては落ち込む。母に相談しても「大丈夫、普通にしていればいいのよ」と言われるだけだ。

ここで紹介した小学校低学年と高学年の二人は、診療所でよく出会う典型ケースである。二人の大きな違いは、本人が自分と周囲との間に生じているあつれきに気づいているかどうかである。B子さんは漠然と、居心地の悪さや違和感を持ち始めているが、A君は気づいていない。

これは、「他者視点」をどの程度獲得しているかの違いとして整理すると考えやすい。すなわち、A君はまだ、他者視点を持っていないが、B子さんは持ち始めている。周囲から見ると、B子さんは適応して見え、A君は周囲から浮いていて、からかいの対象になっている。本人がつまずき始めていることを、A君のお母さんは気づいているが、B子さんのお母さんは気づいていない。

「他者視点」を持つことで、周囲との違和感に気づきやすく、不適応感は生じるが、本人は場に合わせようと努力するので外からは本人のつまずきが見えにくくなる。この視点が乏しい場合は、不適応感を持ちにくいが、周囲はハラハラすることになる。

3 「他者視点」の獲得——年齢と特性タイプ

「他者視点」を年齢軸で考えると、低学年では当然獲得しにくいが、年齢とともに身につけていく。また、タイプによる違いもある。現在は自閉症スペクトラム障害としてひとくくりになっているが、自閉症タイプは、アスペルガータイプよりも獲得するのに時間がかかることが多い。

「他者視点」を持っているか否かで、二次障害の起き方にも違いが生じる。

アスペルガータイプの子どもは、周囲と自分との違いに早めに気づくために、自分が「劣っている」と誤解しやすく、それがコンプレックスとなり、自己評価や自尊感情を低下させやすい。その状態が長く続くと、抑うつ気分が強くなったり、過剰な対人不安や緊張感などを持ち、不登校に繋がることもある。周囲からは一見適応しているように見えるので、登校を強く促しがちだが、本人は理解されないことでのイライラが強まり、親や教師に対して拒否的になったり、過度に自責的になったり、逆に他罰的になることもありうる。そういった思いから小学校高学年から中学生にかけて、診断を希望する子どももいる。

一方、自閉症タイプや、低年齢の場合は、「他者視点」を持つまでに時間がかかり、自覚的な不適応感は薄いことが多いが、実際にはストレスがかかっているため、やはりイライラや、怒りっぽさ、感覚過敏が強くなったり、頭痛や腹痛などの身体症状、自傷などとして現れることもありうる。いきなり不登校として現れることもあるが、理由を聞いても、本人もよく分からないので、余計に混乱させてしまうこともありうる。

どちらの場合も、こじれると精神疾患のリスクが高まる。小学校高学年以降はうつ病のリスクも出てくるし、社交不安障害、身体化障害、強迫性障害などもありうる。また、青年や成人期に至っても、学齢期の陰性体験がフラッシュバックとして長く続くことがあり、それ自体がさらに抑うつ状態を長引かせる原因になることも多い。

4 対応の工夫

「他者視点」の有無で、症状や状態像に大きな違いはないが、関わる側はしっかりと見立てる必要がある。アスペルガータイプや思春期年齢以降は、自分の考えや思いを言語化する力がついてくるので、丁寧に聞き取ることから始めたい。最初は言葉に置き換えることが難しくても、良い聞き役がいることの意味は大きい。自分の出したSOSを確実に受け止めてくれる大人がいるという経験は、未来に繋がる「杖」となろう。

一方、何について困っているかを自覚し、言語化するのが難しい場合、周囲の大人の責任はさらに重大である。子どもの生活全般を見渡して、不要なストレスを調整し、対応策を考えることが必要になる。この場合も、自分の思いを言語化できるよう促すことは欠かせないが、重要なのは、本人が周囲に伝えたいと思えるかどうかであり、私たちが信頼に足るか試されることになる。伝えたいという思いそのものが、コミュニケーション力を確実に育む。

5 おわりに

自閉症スペクトラムのある子どもたちは、「わがまま」に見えたり「心配し過ぎ」に見えたりすることがある。時に支援者の「こちらは一生懸命やっているのによくならないのは、相手の理解力が足りないか、支援を受ける段階ではないから」という嘆息のような声を聞くこともある。心したいのは、診断名に引きずられ、既存のハウツーやマニュアルで対応すれば、事足りるという過信である。相手の個別性への配慮が足りないと、こちら側の支援ツールに乗るよう相手に要求することになりかねない。これでは本末転倒である。発達障害に限らないが、支援が行き詰まったときに陥りやすい落とし穴であると肝に銘じたい。自分の見立てを何度も疑うことが、支援の質を上げることに繋がると思う。

個別性への視点とある程度の類型化の試みの両方が必要であり、このバランスは微妙で難しい。「他者視点」を考えることで、私たちの関わりや支援が子どもたちにとってより「使える杖」となるのであれば、この章を担当した任が果たせるだろうか。

〔参考文献〕
(1) 齊藤万比古（編著）『発達障害が引き起こす二次障害へのケアとサポート』学習研究社、二〇〇九
(2) S・バロン＝コーエン／P・ボルトン（著）久保紘章・古野晋一郎・内山登紀夫（訳）『自閉症入門』中央法規出版、一九九七

第5章 思春期・青年期における支援の実際

1 思春期・青年期の発達障害の人たちへの医療支援
──特有の性格変化および併発する精神症状への対応

本田秀夫《ほんだひでお》

1 はじめに

発達障害の人たちの社会適応を考えるときには、「発達特性」「教育」「精神保健」の要素を考慮する必要がある。以下では、これらの要素に注目しながら発達障害の人たちの思春期・青年期における性格変化を整理し、医療の立場から対応について考えてみる。

2 「発達特性」「教育」「精神保健」の相互作用

発達特性は、フラクタル図形のように一生を通じて同形性を保ちながら成長していく(1)。この特性が強すぎるとそれだけで社会適応にとって大きなハンディキャップとなることが多いが、適度な特性はむしろよい個性として自他ともに受け入れられることもある。筆者が「特有の発達特性を有する種族を育てる」という喩えをする所以である(2)。

特有の種族であれば、その種族に最適の教育と精神保健的環境を保障すべきである。したがって、すべての子どもに同じカリキュラムを同じ方法で教えるという教育スタイルや、多数派に隷従させる形での「共感」や「あうんの呼吸」を押し付ける環境は、発達障害の子どもたちの学習する権利を奪い、慢性的に心理的負荷をかけることになる。さらに、異質なものを排除する風土はいじめや排他主義の土壌となり、少数派の発達特性の人たちにストレスや時にトラウマを刻み付ける。逆に、個々の子どもにとって最適のカリキュラムが用意されることは、子ども自身の意欲を引き出し、自己評価を高める。多様性を受け入れる風土では、発達特性はポジティブに活用され、情緒的に穏やかで真面目な社会人へと成長できる。

3 「自律スキル」と「ソーシャルスキル」の獲得

思春期・青年期以降の社会適応に最も影響をするスキルは、「自律スキル」と「ソーシャルスキル」である。「自律スキル」とは、適切な自己肯定感をもちながら自分にできることは確実に行う意欲をもつことができ、同時に自分の能力の限界を知り、無理をし過ぎないという力である。「ソーシャルスキル」とは、社会のルールを守ろうとする意欲があり（協調性ではないことに注意！）、自分の能力を超える課題に直面したときに誰かに相談できる力である（1）。

発達障害の人たちは、独力でこれらをバランスよく両立して身につけることがきわめて難しい。唯一それを可能とする方法は、個々にとって適切なペースと内容で教育を行うことである。教育の範囲は教科学習のみにとどまらず、挨拶やマナーなどの社会的行動や忘れ物を防ぐための工夫など、発達特性に応じたテーマについて、本人が興味をもって取り組める手法で、かつ少しの努力で短期間に達成可能な目標設定のもとで行う。自分ひとりではやりきれないと本人が思ったときには、支援者にそのことを訴えても決して叱られないという環境を保障し、逆にうまく他者に相談する機会とする。これにより発達特性が皆無になるわけではないが、自身の強みを生かし、苦手なところを他者に相談しながら安定して社会参加していくための素地を形成することができる。このような育ち方を「特性特異的教育タイプ」と呼ぶことにする。

発達特性に対する理解が全く得られずに放置された環境で育つと、さまざまな形で周囲と軋轢を生じ、他者への攻撃性あるいは社会的ひきこもりなどの不適応状態を呈する。以下ではこのような育ち方を「放任タイプ」と呼ぶことにする。

たとえ支援者がいても、支援の的をはずすと同様の結果となることがある。学童期までの発達障害の人たちに関わる支援者たち（親も含む）は、発達特性を少しでもなくそうと考えることが多い。そして、苦手な領域を教育によって克服させようとするあまり、本人にとって過重な課題を与えがちである。このことは、副次的に精神保健を損ねることにつながる。発達特性は結果的に軽減せず、それどころか二次的な精神症状が付加されて複雑で深刻な精神障害の状態へと移行することすらある。以下、このような育ち方を「過剰訓練タイプ」と呼ぶことにする。

逆に、支援者が本人のストレスを軽減することだけを重視して、何の教示もせずすべて本人の意志にまかせるという対応をすると、目前の問題は回避できてもどこかで本人の意志と周囲の事情に齟齬が生じたときに本人の混乱がかえって強くなる。場合によってはそこで大きな感情の爆発が生じ、トラウマを残すことにつながりかねない。以下、このような育ち方を「自主性過尊重タイプ」と呼ぶことにする。

4 思春期・青年期における性格変化と併発する精神症状

発達障害の人たちは、学童期までは周囲と自分との関係に気づかず、傍若無人な態度をとっていることが多い。しかし、思春期・青年期に入ると、周囲と自分との関係に気づきはじめる。性格的には真面目さが急激に前面に出てくる。

特性特異的教育タイプの育ち方をしてきた人たちは、この時期に自分の特性をある程度自覚し、得意なところに自信をもちつつ苦手なことへの対処を学ぶ意欲をもつことが可能である。通常の形でのいわゆる「第二次反抗期」が目立たず、むしろ他児に比べて真面目で大人にも素直に相談する姿勢が形成されている。強調すべきは、幼児期から学童期にかけてどんなに多動やかんしゃくなどの問題が目立っていたとしても、特性特異的教育タイプの育ち方をしている子どもは思春期・青年期には真面目な性格が前面に出てきて、その後は成人期にかけて安定した人格形成が進んでいくということである。幼児期までに早期発見されて支援が開始されると、このタイプの育ち方を保障できる可能性が高まる。

放任タイプでは、周囲から場当たり的な対応をされていることが多いため、不安と他者への猜疑心が高まる。自分の意志や予測とわずかでも異なることが生じると過剰に興奮し、ときに他罰的、攻撃的になる。感情のコントロールに限界を感じてようやく医療機関受診に至ることもある。青年期に入ってくると、書籍やインターネットから情報を得て自分自身で発達障害ではないかと疑って相談や受療行動をとり始めることも増えてくる。このタイプでは、うつ、不安、強迫、被害念慮、攻撃性など、さまざまな精神症状の併発があり得る。

早期から支援が開始されていても、それが過剰訓練タイプであった場合には状況が大きく異なる。過重な課題を強要され続けると、思春期・青年期に周囲と自分との違いに気づいたときに急激に自己評価が下がる。それにともない、うつや不安症状を呈する。このタイプの多くは、「弱音を吐いてはいけない」と言われていることが多いため、他者に相談することができない。したがって、思春期・青年期に性格が真面目になると同時に自信と意欲が低下し、ちょっとしたストレスに反応して不登校やひきこもりへと移行する確率が高まる。このタイプの一部に、苦手なことの克服に対して過剰な使命感をもち、実現しそうにない高い目標設定をして、そこに到達できないことで不安・焦燥をますます募らせるケースがある。いわば、「逆説的高望み」である。「今は成績が悪いが、将来は絶対に有名大学に入ってみせる」などと本気で主張するのである。

自主性過尊重タイプでは、周囲が本人のペースに一方的に合わせることにそろそろ限界を感じる時期である。本人にとっては、それまで自分のペースでできていたことに対してこの時期から急に邪魔が入るような印象を受けることになり、強く当惑することになる。このタイプの人の一部に、対人コミュニケーションが苦手だが学力の高い人がいる。この場合、勉強さえできていれば大学（時には大学院）を卒業する時期までは問題が顕在化しないことがある。うまくいくと就職も可能であるが、就職してから顧客や同僚との関係でトラブルが続発し、そこで初めて問題が露呈するのである。露呈してからの反応は、ストレス反応やトラウマ反応に準ずる状態であることが多い。

5 対応の考え方

特性特異的教育タイプの育ち方をしてきた人たちは、必要に応じて相談できる相手を確保しておくことで十分である。それ以外のタイプでは、発達特性以外に何らかの精神症状が併存することが多く、それらへの対応が必要となる。精神症状の急性期には薬物療法が第一選択となることもあるが、本質的な問題への対応には、発達特性のアセスメントに加えて、本人のそれまでの育ち方のタイプを検索する必要がある。さらに、自律スキル（自己評価の妥当性）とソーシャルスキル（社会のルールを守る意欲と他者に相談する意欲）を評価し、もしいずれかが十分に形成されていない場合には、それらがどの程度形成可能かを検討する。

なかでも、他者に相談する意欲の評価は重要である。これが形成されているかどうかは、支援者と本人との間の信頼形成に関わる。誰かに相談し、相手から助言を受け、その助言に納得できれば取り入れ、その結果が本人の予想を上回る。そのようなプロセスを少しずつ体験させながら、支援者と本人の信頼関係を形成していくことが、精神療法的関わりの第一歩となる。

6 おわりに

思春期・青年期のケースでは、支援者との信頼関係の形成がきわめて困難な場合もあり、一筋縄ではいかない。支援者自身も、さまざまな形でネットワークを築き、自分のできる範囲の支援を行うと同時に、スーパーヴィジョンの体制を確保することが重要である。

〔参考文献〕

(1) 本田秀夫『子どもから大人への発達精神医学——自閉症スペクトラム・ADHD・知的障害の基礎と実践』金剛出版、二〇一三

(2) 本田秀夫『自閉症スペクトラム——一〇人に一人が抱える「生きづらさ」の正体』ソフトバンククリエイティブ、二〇一三

2 高校での特別支援教育と高等教育機関への進学

川俣《かわまた》智路《ともみち》

1 高校での特別支援教育の現状

二〇〇七年度に特別支援教育が実施されるようになり、学校生活の中でサポートが必要な子どもたち、特に発達障害のある子どもたちへの支援は大きく発展してきた。しかし高校以降のライフステージにおいては、けっして十分とは言えない状況にある。

文部科学省がとりまとめた平成二五年度特別支援教育体制整備状況調査によると、高等学校の整備状況は平成一九年度の結果と比較すれば改善されているものの、小中学校と比較して整備に遅れが見られる状況である。特に図1（次頁）に示すように、校内での具体的な支援方針となる個別の指導計画を作成している国公私立の小学校は九一・四％に対して、高校は二四・八％となっている。また卒業後の支援など長期的な支援方針に当たる個別の教育支援計画の作成状況は、国公私立の小学校が七四・九％に対して、高校は二一・六％である。個別の教育支援計画は大学進学の問題とも大きく関わってくるものである。ここから、長期的な視点に基づいた具体的な支援が、高校では十分に実施されていない現状を示していると言える。

2 高校ではどのような支援ができるか

それでは高校での特別支援教育にはどのような支援

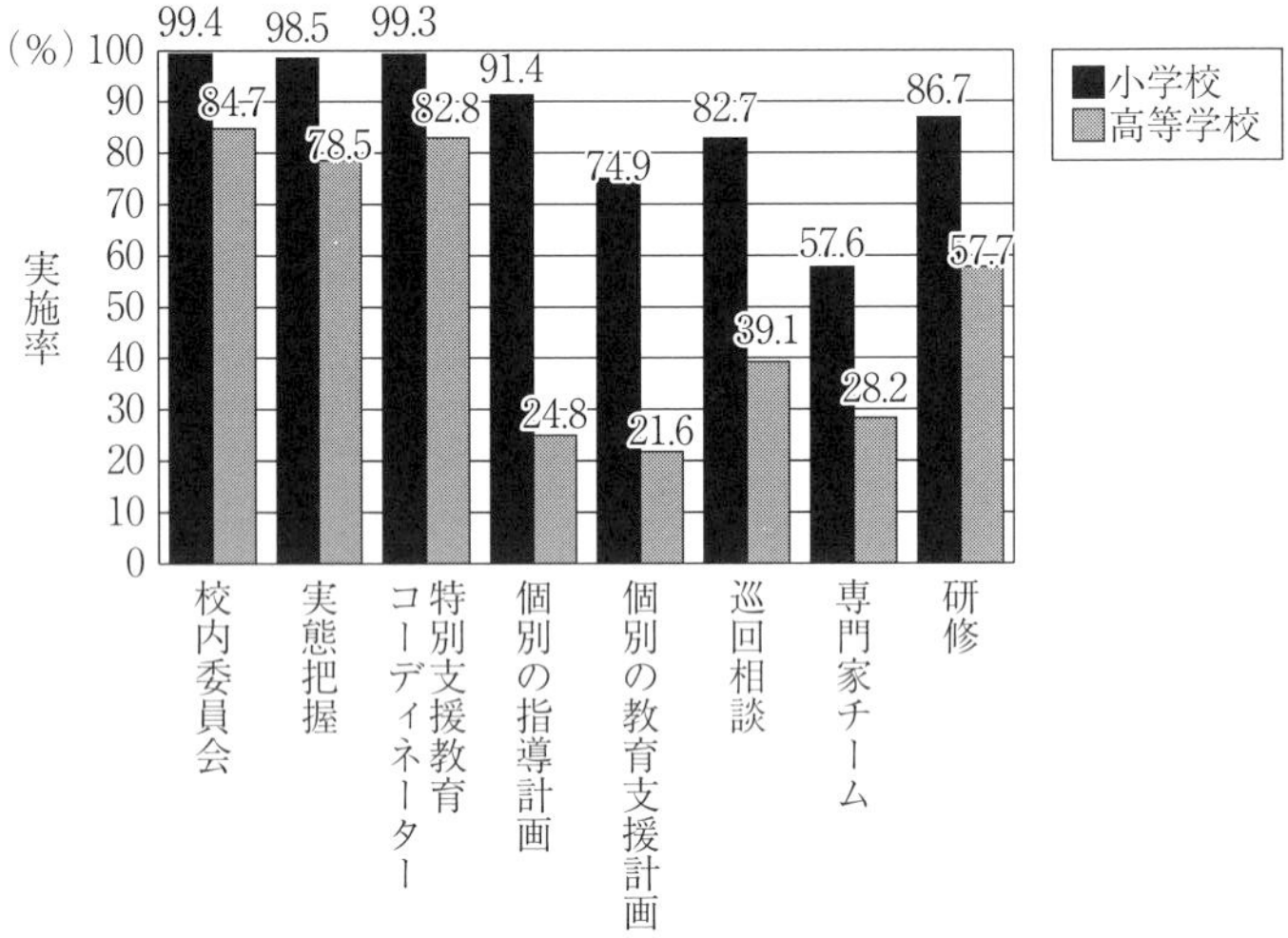

図１　国公私立計・小学校と高校の項目別実施率—全国集計グラフ（平成25年度）（文部科学省のデータを元に著者が作成）

が必要となってくるのだろうか。川俣(1)は教育困難校におけるフィールド調査の結果から、高校における特別支援教育体制を妨げる要因とその対策について、表1（一一六頁）のように三点にまとめ、高等学校の制度にあった特別支援教育の実施の必要性について論じている。また、この三点の問題には、進学率が九八%を超えているのにもかかわらず義務教育ではないという制度上の問題、就労や高等教育機関への移行に関わるという時期的な問題が密接に関わっている。これらの問題を踏まえて、高等学校独自の特別支援教育体制の整備の必要性について主張している。

近年では各地の高校で独自の特別支援教育体制を実施し、成果を上げている実践も報告されている。上西(2)は、校内での生徒理解の共有を進めながら、細かな生徒への個別支援の実施、わかる授業を展開するための取り組みなどを通じて、退学者を減少させるなどの成果を上げたことを報告している。また川俣(3)は、過疎地域の高校が地域と連携しながら発達に偏りのある生徒の移行支援を実現している実践について報告している。これらの実践は、高校に特化した特別支援教育の可能性を示すものであると言えるだろう。

3 進学の際に必要となる支援とは

高校における特別支援においては、特に社会への移行をどのように支援するかということが重要となってくる。就労については表1でも言及しているが、もう一つ重要な移行先として大学や専門学校といった高等教育機関がある。進学を支援するにあたっては、どのような点が重要となってくるだろうか。

まず重要な点は、本人の希望を十分に尊重することである。高等教育機関への移行は必ずしも希望通りに進むとは限らず、よい結果が出ない場合も珍しくない。周囲は本人を心配するあまり、先回りしていろいろとアドバイスをしてしまいがちであるが、最終的な結果は本人が引き受けなくてはならないことを考えれば、できる限り本人の希望を尊重することがまず大切である。ただし、時には本人の希望があまりにも現実と乖離している場合もあるので、オープンキャンパスなどの機会を利用して実際にその場所の雰囲気を経験することも必要であろう。

二つめに、支援態勢が整備されているかどうかが重要である。近年では、高等教育機関でも積極的に学生支援を実施していることが珍しくない。日本学生支援機構が実施している平成二五年度の「大学、短期大学及び高等専門学校における障害のある学生の修学支援に関する実態調査結果報告書」によると、ここ八年で全国の高等教育機関における障害学生の在籍数は2・5倍に増えており、およそ全体の八割以上の機関が学生に対して特別な支援を行う部署を設置している。本人が希望する高等教育機関がどのような支援態勢になっているのか、そして本人が希望の進学先を決めるに当たって支援態勢がどのようになっているのかも判断の基準に含むようにすることが重要であろう。また実際に入学が決まった際には、必要があれば本人も交えてあらかじめ支援部署と連携することが望ましい。

三つめに求められるのは、学校生活上起こる様々な出来事や問題について、丁寧に説明をしてくれる「生活解説者」のような支援者の存在である。例えば大学生活では履修の仕組みがわかりにくい、人間関係が公私にわたり複雑になる、などといった問題が生じてくる。通常の場合、高等教育機関における支援は授業支援などに代表される環境面のサポートが思い浮かびやすい。しかし、実際の生活においてはこうした現状の把握や起こった出来事についての理解など、生活の意味づけの点において助けを必要とする場合が多く見られる。高等教育機関に進学する時期は保護者とも距離

表１　特別支援教育体制の整備を妨げる３つの要因（川俣，2011[1] より作成）

要因	要因の内容	対応策
学校への参加、出席・退学の問題	・不登校や教室には入れない状態になった場合に、出席日数が足りなくなり、最終的には学校に在籍することができなくなってしまう。また教室以外の場所にて、個別に支援を受けている時間が出席として認定されない場合もあり、ニーズにあった個別支援を実施することが難しい。 ・学校生活において何か問題を起こした場合に、出席停止や退学という形で排除されてしまう。	・教員や支援者が生徒と常にコミュニケーションを取るようにして、学校への参加を促す。 ・単位認定の条件の緩和や、留年しても元のクラスに在籍したまま学校生活を続けられるようにするなど、学校との繋がりが切れないような制度の工夫。 ・行事活動などを通じて、学校での居場所作りを行う。
学習・評価の問題	・平等な評価という観点から、生徒のニーズにあった個別の評価を実施することが難しい。 ・学習が苦手な生徒は、授業に参加することができない。 ・高等学校で定められたカリキュラムを達成できていないにもかかわらず、単位を認定することに対する教師の葛藤が存在する。	・理解できる内容から指導を始めることにより、全ての生徒が授業に参加できる環境を作る。 ・個別指導、習熟度別授業、補習などを実施することにより、個別の支援ニーズを満たすようにする。またこれらも評価に含めることにより、より多角的な評価を実施するようにする。
進路の問題	・学校内では個別支援が可能であっても、進学先や就労先が見つからず、社会への橋渡しが困難である。 ・卒業後に生徒の支援を引き継ぐことのできる場所が非常に少ない。	・地域の企業へ定期的に赴いて就労実習などをする。 ・インターンシップや福祉実習などを重点的に実施し、地域の受け入れ先の企業との連携を深め、生徒のことをよく理解してもらえる就労先を開拓する。

を取り始めるような時期と重なっているため、こうした生活の意味づけをサポートしてくれるような支援者がいることは、本人にとって大きな助けとなる。

　こうした実践については、日本では富山大学の取り組みが参考になるだろう。詳しくは斎藤ら(4)を参照されたい。

4 おわりに

　ホルツマン(5)はヴィゴツキーの創造的模倣の概念に基づいて、実践を通して発達することを「頭一つ背伸びをしてなりたい自分を演じてみること」と位置づけている。実際にホルツマンは自身が関わっている機関であるニューヨークのEast Side Instituteにて、ニューヨークに住む貧困層など発達を「阻害」されている人々に対して、安心してなりたい自分を演じられる、パフォーマンスの場を提供する実践を展開している。子どもたちはいまの自分よりも少し背伸びした、なりたい自分を演じることで、成長・発達していく。

　思春期以降の特別支援教育に対しても同様のことが言えないだろうか。最も大切なことは、彼らが安心して「なりたい自分」を演じられる場が用意されていることである。今後、高校や高等教育機関の特別支援教育が制度上の整備だけではなく、育ちに偏りがある子どもたちにとっての「頭一つ背伸びをしてなりたい自分を演じてみること」となることを期待したい。

〔引用文献〕

(1) 川俣智路「高等学校での特別支援を3つの保障から考える――通い続けることから始める支援」田中康雄（編著）『発達障害は生きづらさをつくりだすのか――現場からの報告と実践のための提言』金子書房、二〇一一
(2) 上西祐子「高等学校の挑戦」田中康雄（編）『こころの科学　一六三　特別支援教育はいま』日本評論社、二〇一二
(3) 川俣智路「実践報告」小野善郎・保坂亨（編著）『移行支援としての高校教育』福村出版、二〇一二
(4) 斎藤清二・西村優紀美・吉永崇史『発達障害大学生支援への挑戦――ナラティブ・アプローチとナレッジ・マネジメント』金剛出版、二〇一〇
(5) Holzman, L. (2008) *Vygotsky at Work and Play*. Routlede

3 余暇活動における支援

藤野《ふじの》 博《ひろし》　加藤浩平《かとうこうへい》

1 余暇と仲間関係の意義

発達障害の有無にかかわらず、人にとって余暇をどう過ごすかは、とても大切な課題である。余暇の充実は日々の生活での満足感と精神的な健康を支える土台になるからである。そして、障害のある人たちが充実した余暇の時間をもつためには、ちょっとした工夫やサポートが役に立つ。

本稿では、思春期・青年期の発達障害の人たちのための余暇の意義と余暇支援を行った事例を紹介し、生涯発達における余暇活動の意義について考えたい。

余暇の過ごし方は人それぞれで、模範解答があるわけではない。何をしてもよく、リラックスできる時間をもつことが唯一の条件といえよう。趣味の世界に一人で没頭するもよし、友人や仲間と一緒に過ごすもよしで、どちらが良い・悪いの問題ではないが、仲間と一緒に楽しく過ごす時間をもてることは精神的健康に深く関係しているようだ。友人関係とは、特定の他者との一定期間持続する互恵的な人間関係であり、興味や活動や経験などの共有に基づく情動的な絆である。そして友人がいることは、社会生活で孤立することのリスクに対する保護要因になるとの知見がある。また、相手の視点に立って考え、共感する態度を育てることも指摘されている。

ただ、自閉スペクトラム症（ＡＳＤ）の特性をもつ人たちが他の人とともに活動し、楽しさを共有することは必ずしも容易ではない。日戸(1)は、ASDの人たちは、人と活動や興味を共有することへの意欲が低いこと、それらを共有するために必要なソーシャルスキルを十分に獲得・発揮できないことなどをその難しさの背景として挙げている。しかし、工夫と支援をすれば、仲間とともに余暇の時間を楽しく過ごすことは可能であり、自分と似た認識や感情のあり方をする仲間との関係を築くことは安心感やエネルギーが注入される心理的活動拠点になることも指摘している。

以下に、筆者らがかかわる二つの支援事例を紹介し、余暇活動のもつ意義について考えたい。

2 余暇支援事例・その1
――F1サークルの実践

まず、藤野から、一五年来かかわってきた「F1サークル」を紹介する。このグループは、東京都葛飾区とその周辺の地域に住む発達障害のある子どもたちとその保護者が参加・運営し、東京学芸大学と千葉大学の四名の教員と学生がサポートをしている。地元の療育施設で半年間限定のソーシャルスキル・トレーニング(SST)を受けた子どもたちの保護者が半年間の活動だけでは物足りないと感じて、一九九八年に自主的に立ち上げた。

このグループには小学生から高校生までが参加しており、高校卒業までがひとつの区切りになっている。隔週土曜日の午後に地域の公共施設を借りて活動が行われる。年齢別・課題別の小グループでの活動と全体でのレクリエーション活動からなる。筆者の研究室は中学生を主な対象とするコミュニケーション支援グループを担当している。コミュニケーション支援といってもSSTをがっちりやっているわけではなく、例えば、本学の大学祭に参加し、さまざまな出し物の中で、鉄道研究会など好みのものを取材し、みんなで新聞記事にまとめる、といったことに学生支援者とともに取り組む、などのような活動である。

以前、F1サークルに参加する子どもたちに友人関係についてのアンケートを実施したことがある。「友人関係の質に関する質問紙(FQS)」(2)から抽出した四項目(「休み時間は、ほとんど友だちと一緒に過ごす」「友だちと一緒に何かをすることは楽しい」「放課後や休みの日に、友だちとお互いの家で遊んだりする」「友だちと、学校や好きなことについて話をする」）に自由記述を一項目（「その他、友だちについて書きたいことがあれば、書いてください」）を追加し質問項目とした。最初の四項目については「まったくあてはまらない」から「よくあてはまる」までの四件法（0〜3点）で回答を求め得点化した。

最初の四項目の得点の平均値を求め、F1サークルに所属する発達障害の子どもと同年齢の定型発達群学生との比較をしたところ、発達障害群は定型発達の中よりも有意に得点が低かった。また自由記述では、「同じ学年にはまったく友だちがいません」「学校では皆からそがいされるだけである」「放課後は一人で過ごすことが多くなっています」「図書館でいつも休み時間は本を読んで楽しんでいます」などの回答があった。この結果から、彼らの学校での友人関係の乏しさの実態が浮かび上がってきた。

では、F1サークルの活動は、そのような彼らにとって、どのような場になっているのだろうか。活動に参加する子どもの声を聞いてみよう。以下は、グループへの参加意識に関するアンケートを実施した際の「F1サークルでの活動をふりかえって、良かったと思ったことを自由に書いてください」という質問への回答例である。「いろいろな所に行ったりバーベキューをしたこと。たくさんの友だちを作れた」「小学五年から通って、いやなことを忘れながら楽しく通って、いい友だちができたり、スタッフといろんなことを話したり遊んだり、友だちと遊んだりした。僕にとっては楽しい所だなと思った。卒業まで通いたい」「友だちが増えたこと。大学生のお姉さんとお兄さんと楽しく遊べること」「この活動に入ったおかげで少し意見を言えるようになった」など。

また、卒業生のA君に参加時のことを振り返ってもらい、F1サークルが自分にとってどんな場であったか感想を聞いてみた。A君は現在、専門学校に通っている。学校では休日をともに過ごせる親しい友人もでき、充実した学生生活を送っているようだ。筆者（藤野）にたまにメールで近況を伝えてくれ、ときには仲間付き合いのことなどについて相談することもある。A君は問いかけに次のように答えてくれた。

「友だちができても休日になかなか遊ぶことがなかったので休日とかは寂しかったが、F1サークルに参加するようになってから居場所が増えた気がして嬉しかった」「友だちはいたけれど、なかなかうまくかかわることができず、ただいるだけみたくなっていたけど、F1サークルという居場所ができた」。「居場所」という言葉が、ひと言ですべてを語りつくしているように思われる。

3 余暇支援事例・その2
――TRPGを用いた実践

次に、藤野の研究室に博士課程の大学院生として在籍している加藤が運営する「テーブルトーク・ロールプレイングゲーム（TRPG）」という会話型ゲームを用いた余暇支援（通称「TRPGレクリエーション（TRPGレク）」）の実践を紹介する。

(1) TRPGとは

TRPGとは、複数名でテーブルを囲み、参加者同士のやり取りで架空の物語を作り上げていくことを楽しむ会話型のゲームである。事前にゲームの進行役である「ゲームマスター（GM）」がシナリオ、すなわち物語の設定やあらすじを作成して物語を進める。他の参加者は「プレイヤー」として、「戦士」や「魔術師」といった物語の登場人物である「プレイヤー・キャラクター」をゲームのルールに従って作成し、そのキャラクターを演じる形で物語に参加する（図1・次頁）。コンピュータやゲームソフトは使用せず、代わりに「キャラクターシート」と呼ばれる記録用紙やサイコロ、筆記具などを使用する（図2・次頁）。

以下は、加藤がかかわっている子どもたちとのTRPGレクの一場面である。以下のように、参加者同士の会話を通して、物語の場面を皆でイメージしながら物語を進めていく。

GM：……さて、君たちが薄暗い石造りのダンジョン（迷宮）を奥へと進んでいくと、やがて左右に道が分かれた場所にたどり着くよ。
戦士：（他のキャラクターたちに）どっち行く？
魔術師：とりあえずさあ、周りを調べない？　何か手がかりがあるかもしれないし。
狩人：それじゃ、地面を調べる。
GM：地面を調べると、何かの動物の足跡を見つける。足跡は右の通路に続いているよ。

図１　TRPG の様子

図２　TRPG に使用する主な道具

戦　士：よっしゃ、足跡の方に突撃だ！
魔術師：待って。GM、アタシその足跡を調べたい。
G　M：いいよ。判定してみて。
魔術師：（サイコロを二つ振る）……11！　これは成功したでしょ？
G　M：そうだね。では、魔術師が地面の足跡を調べると、それは「ミノタウロス」という半人半獣の怪物の足跡だとわかる。
魔術師：じゃあ、みんなに伝える。「この足跡、ミノタウロスだよ」
狩　人：ミノタウロスって、食えるの？（一同笑）
魔術師：たぶん強いモンスターだよ。こっちが食われるんじゃね？（笑）
戦　士：マジで⁉　突撃やめます……。

（以下続く）

TRPGには、通常のゲームのような参加者間で勝ち負けを競うようなことを基本的にはしない。代わりに物語に目標があり（たとえば「迷宮に隠された財宝を手に入れる」など）その目標を達成するために、参加者同士がコミュニケーションをしながら協力し（時には反発し）ゲームを進めていく。会話を通して参加者間で物語を共有し協同作業で物語を創り上げていくという点が、ほかの一般的なテーブルゲームやコンピュータゲームとは違ったTRPGの特徴である。

(2) TRPGレクを通したコミュニケーション支援

筆者らは、TRPGレクを通した子どもたちのコミュニケーション支援の実践・研究を進めているが、これまでの実践の結果から、TRPGレクを通してASDのある子どもたちのコミュニケーションが量的・質的に促進されたことを報告している(3)。

また、この活動に参加した子どもたちに、TRPGレクに参加してみた感想や、TRPGレクを通して自身が「変わった」と思う点などをインタビュー形式でたずねたところ、次のような回答があった(4)。

「部活動のときに頼み事などができるようになった」「普段かかわりのない級友とも気軽に話すようになった」「相手が自分と違う考えでも『そういう考えもあるんだな』と思えるようになった」「『一見仲間じゃない、でも仲間』という感じが楽しかった」「ゲームの楽しさとは別に、他の参加者とのやり取りが楽し

表1　インタビューでの子どもたちの回答の抜粋（内容が変化しない程度に要約）

○部活動のときに頼み事などができるようになった。
○普段かかわりのない級友とも気軽に話すようになった。
○気持ちの表現などが日常生活でもできるようになった。
○相手が自分と違う考えでも「そういう考えもあるんだな」と思えるようになった。
○自由度が高く、「やってみたい」と思ったことを、キャラクターを通して試みることができたのが良かった。
○「一見仲間じゃない、でも仲間」という感じが楽しかった。
○コンピュータゲームはもちろん日常生活と比べても TRPG のほうが選択肢が多く、自由度が高い。
○コンピュータゲームにはない他の参加者とのやり取りが面白い。
○プレイヤー（自分）とキャラクターの関係は「＝」でもなく、「≠」でもなく、「≒」だと思っている。
○ゲームを楽しみながら、楽しんでいる自分を見ている目が自分の中にあった。
○自分を客観的に見る上で（TRPG での経験が）助けになった。

かった」「コンピュータゲームはもちろん日常生活と比べてもＴＲＰＧのほうが選択肢が多く自由度が高い」「ゲームを楽しみながら、その楽しんでいる自分を見ている目が自分の中にあった」など（表1）。

また、保護者からも「友人とトラブルがあっても関係の維持ができるようになった」「他の集団活動では参加にあまり積極的ではなかった子が、ＴＲＰＧレクは自発的に参加していた」などの回答があった⑶。

筆者ら⑶は、ＴＲＰＧを用いた余暇支援の実践を通して、本活動が、①ゲームのルールなどの「柔らかい枠組み」のなかである程度の自由度を維持しつつもキャラクターを演じるプレイヤーの役割が明確になっていること、②仮想のキャラクターとして振る舞うことによって他者とのリアルな関わりではなくワンクッション置いたコミュニケーションになる気楽さがあること、③勝敗を競うのではなく協力して物語を進めていくという構造があること、④今日の子どもたちにとって馴染み深く興味をもちやすい素材であること、などの特徴をもち、それらの要因がコミュニケーションに不得意さをもつと言われるＡＳＤのある子の自発的でポジティブなかかわりを促進し、集団の中での社会性やコミュニケーションの学びをもたらしたのではないかと考察している。

4 生涯発達から考える余暇支援

以上に見てきたように、発達障害の子どもたちは、定型発達の子どもでは友人との関わりが生活の中心を占めるようになる思春期を過ぎても、学校で友人を作り自力でその関係を維持・発展させていくことにかなりの困難を抱えている実態がある。しかしまた、彼らの興味にそった社交の場が設定され、そこで適切なサポートが提供されれば、同じ特徴をもつ仲間たちと共に活動することによってコミュニケーションが深まると同時に満足感も得られ、さらに他のさまざまな社会的場面への参加も広がっていく可能性が示唆された。そのような場は、とりもなおさず日戸(1)が主張する「安心感やエネルギーが注入される心理的活動拠点」にほかならない。

発達障害の人たちの生涯発達を考えるときに、余暇支援は最重要の位置を占めるのではないだろうか。発達障害の人たちにとっての余暇の意義やその効果的な支援法などに関する検討は、今後さらに取り組まれるべき課題であろう。

〔引用・参考文献〕

(1) 日戸由刈「地域の中の余暇活動支援でできること」本田秀夫・日戸由刈（編）『アスペルガー症候群のある子どものための新キャリア教育』金子書房、二〇一三

(2) Bukowski, W. M., Hoza, B., & Boivin, M. (1994). Measuring friendship quality during pre- and early adolescence: The development and psychometric properties of the Friendship Quality Scale. *Journal of Social and Personal Relationships*, 11, 474-484.

(3) 加藤浩平・藤野 博・糸井岳史・米田衆介「高機能自閉症スペクトラム児の小集団におけるコミュニケーション支援——テーブルトークロールプレイングゲーム（TRPG）の有効性について」『コミュニケーション障害学』二九巻一号、二〇一二

(4) 加藤浩平『テーブルトークロールプレイングゲームを用いた高機能広汎性発達障害者の対人相互交渉の支援』筑波大学大学院修士論文、二〇一二

(5) https://www.facebook.com/comgame2014 コミュニケーションとゲーム研究会

4 思春期に大切な異性との人間関係の構築の支援

川上《かわかみ》ちひろ

1 はじめに

思春期はヒトの一生の決まったごく限られた期間です。平均寿命八〇歳近い人生を考えるとほんの短い時間かもしれません。しかしその後の大人としての生き方に対して大きな影響を与え、また自分自身の身体や精神面にもさまざまな変化が起きます。

この思春期は、誰しもが経験する大人になるための通過ポイントです。もちろん発達障害のある子どもたちにもその時期はやってきます。発達障害のある子どもたちと関わっている中で最近感じていることは、この思春期という時期はこの発達障害がある子たちにとって定型発達の子どもたちが意味する思春期よりも、〝大人になるため〟のとても重要な時間であろうということです。

2 発達障害がある子への〝大人向けの支援〟とは

読者の皆さんは、発達障害のあるお子さん、もしくは支援などで関わっているお子さんが大人になったとき、そのお子さんがどんな人間関係の中にあることを想像しますか？　もしくは期待しますか？

私たちは「人間関係」の中で生きているといっても言い過ぎではありません。たとえ一人暮らしをしていたとしても、ご近所さんが住んでいますし、買い物に出かければお店の人とも出会います。人里離れた山奥で自給自足の生活でもして暮らしていない限り、人との関係を完全に断つことは不可能でしょう。いまこの社会で生きるのなら、他人とできるだけよい関係を保ち、また良好な関係づくりができるということは必要不可欠なことです。

発達障害のある子どもたちと長年関わっていますが、幼いころは自分と周りとの関係がよくわからず、とにかく自分のことを何とかしたいと訳もわからず必死にもがいているように感じます。しかし、思春期を迎え少し経つころにはそれが一転する子もいます。ある思春期の男の子は、一年ぶりに再会したときに、驚くほど行動が落ち着いて安定して生活できるようになっていましたし、自分のことをうまく言語化できるようになっている子もよく見かけます。さらに本人とじっくり話をすると、とてもよく周囲のことがみえていたり理解していることもわかります。

そうなると支援する側としては、「大人になってきたなぁ、成長したなぁ」と感心するとともに安心してしまいます。もちろんそれは今まで行ってきた継続的なきめ細かい支援の賜物かもしれません。そこで支援者が、安心したことで子ども向けの支援から〝大人向けの支援〟へと変更されることがあります。それは、本人の自律に任せる、周囲との関係を考えて自分で考えて行動することを見守る（期待する）というものです。要するに、「大人なんだから自分でできるでしょ」ということです。

しかし、見た目の雰囲気で行動が落ち着いてきたり、言語化ができるようになってきても、発達障害の本質的な社会性の構築の苦手さはやはり苦手なままのことが多いようです。ですから、〝大人向けの支援〟に切り替えるとするなら、実社会で活用できる人間関係の構築の仕方を具体的に教え、それができるように支援することではないかと思います。

3 「誰と」ではなく、まず『どうやって』

誰と関係づくりをするか、また関係の濃淡（強弱）は、そのときの状況によっても変化します。また人と人との関係のつくり方は多種多様です。自分の考え方もありますし、相手が変われば同じようなやり方でできるというものでもありません。

発達障害があるお子さんの保護者から、「子どもに友だちがいないのですが、どうやったら友だちができるのでしょうか」という質問を受けることがあります。いっぽう、そうこうして友だちができたらできたで、「あの子とは遊んでほしくない、別の子と友だちになってほしい」など、親の都合でいろいろな要求が出てきます。

もしこれが彼氏・彼女となるなら、親の目や要求はさらに厳しくなります（これは発達障害があるなしに関係しないかもしれませんね）。子どもが紹介する彼氏・彼女を、必ずしも親が気に入るとは限りません。それはそうでしょう。子どもと自分とは違う人格なのですから、どのような人が好みなのか趣味・興味が違うことがあるかもしれません。なかには生身の異性には全く興味がない子もいます。ここはあまり贅沢は言わないで、たとえ親がその相手の彼氏、彼女が気に入らなくても、本人が好きだと言うならばそこはなんとか理解して、その現実を受け入れなければいけないことも多いでしょう。

しかし、彼氏、彼女ができることは結果論であって、それよりも他人とよい関係を築くためにはどうすればいいのか、について支援することのほうがとりあえず優先の課題だと思います。多くの場合、この先のことを考えると、子どものほうが親よりも長く人生を送ることになります。ですから、どうやって人との関係を築くのかというスキルを身につけることは、自立して生きるための基本的なスキルとも言えるでしょう。そして自分で何とか他人との関係づくりができるようになったあとに、自分にとって「誰と」関係を築くのが有益なのかという、人を見定めるスキルも加わるとよいだろうと思います。

4 関係づくりの方法は習うものなのか

（発達障害の特徴が薄い）私たちは、人間関係を構築するための自分にとって何となくいい方法を身につけています。もちろん完璧によい方法ではなかったかもしれませんが、何とかサバイバルして今に至っています。

それらの方法は、知識として親や家族から教えてもらったわけでもなく、学校で習ったということではありません。言語化された How to の形で教えてもらったということでもありません。家族や学校での人との関わりの中で、自然に身につけてきたことです。意識してきたわけではないと思いますが、周りの雰囲気を読み取って、自分なりの方法を習得してきたのです。しかし、発達障害がある子はやはりこの〝周りの雰囲気を読み取って、自分なりに学ぶ〟ということが苦手です。ゆえに、この部分の支援が必要となるでしょう。

では具体的にはどのように支援すればよいのでしょうか。社会ではさまざまな人間関係が必要ですが、本書では思春期がテーマですので、とくに異性との関わり方に焦点化して考えてみたいと思います。異性との関係づくりはとてもセンシティブなものです。もしトラブルが起きたとき、複雑で重大な問題に発展しやすいのは異性との関係ですので、すこしでも上手に、相手にとって不快でないやり方で、関係づくりができたほうがいいでしょう。

5 異性との関係づくりの支援の実際

ここで、(1)〜(3)のステップに分けて、関係づくりの支援方法を示したいと思います。

(1) 相手との関係を見極める（理解する）

異性（この場合女性とします）といったときに、この関係だけで考えても、じつにさまざまなものがあります。知らない人、知り合い、同級生、友だち、同僚（上司、同期、部下）、恋人、母親、きょうだい……。

発達障害のある子の年齢や立場によっても、相手とどのような関係を築くのか、またはどのような関係が要求されるのかが変わってきます。まずそこを見極めることが必要です。本人に確かめると、一言で「異性」といってもこのような関係の違いがあるなんて、想像さえしていなかった、という子もいます。

(2) どのような関係を持ちたいのかを確認する

相手とどのような関係となりたいのかは、本人の意向もあると思いますが、時に一般的な解釈とズレていることがありますので、そこを確認することが必要です。そして先にも挙げたように、相手との関係によって、関係づくりのための自分のふるまい方（言葉づかいや行動）、アプローチ方法が変わってきます。

(3)具体的に示しながら伝える

前述の(1)と(2)を、例えば図で示したり文字に書いて見せるなど視覚的な情報にしながらより具体的に伝えます。そして、その関係を築くこと、またその方法が社会的（一般的に考えて）に妥当（適切）なのかも一緒に考えます。

ここで一つ例を挙げて考えてみましょう。

あなたは相談員をしており、次の面談でやってくる子は、発達障害のある高校生男子ヒトシくんです。

ヒトシくんは面談室に入ってくるなり「毎朝通学の電車で見かける女子が気になるので告白したい！」と言ってきました。

さて、読者の皆さんなら、相談員として、どのようにアドバイスしますか？

以下、前述の(1)〜(3)のステップに沿って例を示します。

(1)相手との関係を見極める（理解する）
↓「毎朝通学の電車で見かける女子」とは？

ヒトシくんとしては、毎日見かけるのでこの女子のことをよく知っている気になっているかもしれません。しかし、現状では全くの赤の他人です。相手の女の子は、ヒトシくんのことを気にかけるどころか、存在すら気がついていないかもしれません。話したこともなければ、お互いどこの誰かも知りませんので、知らない者同士の関係（もしくはヒトシくんが一方的に顔を知っているだけ）といえるでしょう。

なお、図1のようなワークブックを教材にして説明することで、より理解が進むと思います。

(2)どのような関係を持ちたいのか確認する
↓「気になるので告白したい！」とは？

「気になる」というくらいですので、ヒトシくんの好みのタイプの子なのでしょう。「告白したい」と考えていますが、ヒトシくんはこの女の子とどのような関係になりたいと考えているのだと思いますか？　一

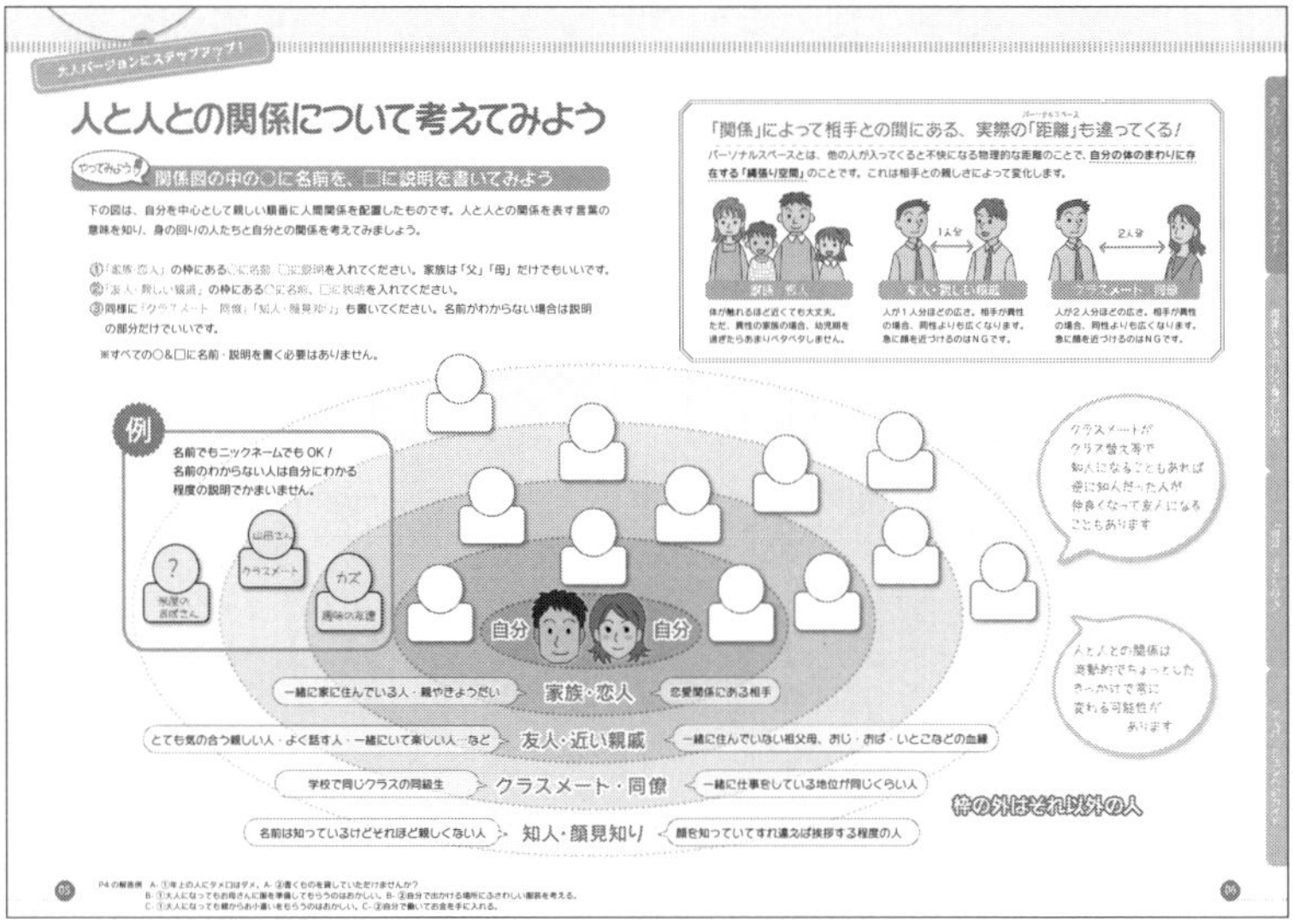

図１　ワークブックの例[1]

般的に考えると、高校生が女の子に告白したいと思うときは、その子とお付き合いしたい（彼女になってほしい）ということです。ただ単に気になる子というだけでは、まだまだ告白することまではあまりないかもしれません。

ヒトシくんの場合、「気になる（好き）→告白する」、というフローチャートが頭の中で出来上がっているのかもしれません。驚かれる方もいらっしゃるかもしれませんが、このように単純な図式で理解している発達障害のある子は少なくありません。インターネットや雑誌などから知識を得ているのだと思いますが、その知識や情報を自分の状況に置き換えるのではなく、そのフォーマットそのままを自分に当てはめて考えている子も多くいます。このことが誤解やトラブルの原因となることがあるので、保護者や支援者の皆さんで本人の誤解（誤学習）を解いてあげることが必要なこともあります。

「告白したい！」と相談されて、どうやって告白したらいいか、ということをすぐにアドバイスするのではなく、その前に本当に告白していいの？　ということを、現状での関係を説明しながら一緒に考える作業が必要となることもあります。ぜひ慎重に進めて欲しいところです。

(3)具体的に示しながら伝える

ここでは(1)と(2)のことを具体的に伝えるのですが、ヒトシくんの理解度に合わせた説明の仕方が必要となります。その子によって人間関係の様子を、実際に絵や図を描いて視覚的に説明したほうが伝わりやすいかもしれません。たとえば関係の近い（濃い／強い）・遠い（薄い／弱い）を、「距離が近い・遠い」として描き表してみることで、本人の理解を促す方法もあります。

また、一度話をしたとしても、また同じようなことを繰り返してしまうことがあるかもしれません。そのときは、改めて説明し直す（本人にとって理解につながる適切な方法ではなかったのかもしれませんので、方法を見直してみることも考慮してください）ことも必要となります。

そして、ロールプレイ（役割演技）で実際の場面を想定して事前に練習しておくことも、有効な方法の一つだと思います。

6 おわりに

誰もがそうであるように、人との関係づくりは成功や失敗を繰り返し、自己内省しながら創り上げていくものです。発達障害がある子もその点は同じだと思いますが、関係づくりのために周囲のお手伝いが少し必要です。

思春期以降、それまでよりも複雑になる人間関係に立ち向かうために（本人たちは複雑になっていることにすら気がついていないことがありますが）、周囲ができることの一つとして〝人間関係の構築の支援〟があることをご理解いただき、もし困っている発達障害のある子がいれば、支援していただけたらと思います。

〔参考文献〕

(1) 川上ちひろ・田中尚樹『すてきな大人計画！』NPO法人アスペ・エルデの会、二〇一四
(2) 川上ちひろ『自閉スペクトラム症のある子への性と関係性の教育――具体的なケースから考える思春期の支援』金子書房、二〇一五

第6章 自立・就労に向けて

1 見落とされやすい生活支援

浮貝明典《うきがいあきのり》

1 「生活」と生活支援の現状と取り組み

障害児者支援というと、児童期からの特別支援教育とその後の就労支援というイメージがあるだろう。人の一日は「生活」という、勉強や仕事のための日中以外の時間を合わせて初めて成り立っている。通常、一日の「生活」は家庭で担われているが、グループホームなど家庭とは異なる「生活」の場ができ、家族ではない第三者が「生活」に関わることで、仕事という日中との密接さが明らかになってきた。

当法人の運営する地域活動支援センター「オフィスウイング」「ウイングネクスト」では、知的に遅れがないとされている高機能自閉症・アスペルガー障害の人たちの就労移行支援をおこなっており、学校卒業後の進路や、就労に向けたステップアップとして利用されている。関わりの中で、就労に結びつく人がいる一方、本センターに安定的に通うことさえ難しい人もいる。そして、この後者の背景に「生活」が影響していることが少なくなかったのである。

発達障害に特化した社会資源の少なさ、本人とまわりの困り感の違い、自分に支援が必要だと気づきにくい特性からも、そもそも生活支援の必要性は認識されにくく、支援に繋がりにくい状況があった。そのため、問題が起きてから社会資源に繋がってくる状況も多く、問題が起きる前から介入していく予防的な支援が必要であることは明らかであった。また、家族や本人から聞き取りをしていく中では、既存の入所施設や共同生活型のグループホームの利用はイメージしにくいが、何の準備もないままひとり暮らしをすることにも不安があるという状況もあった。

前述の現状と課題を踏まえ、当法人では、二〇〇九年から約二年間の横浜市発達障害者支援開発モデル事業を経て、二〇一二年一一月から横浜市より、発達障害者サポートホーム運営事業（以下サポートホーム事業）の委託を受け、成人期の発達障害の人の予防的な生活支援の取り組みを開始している。

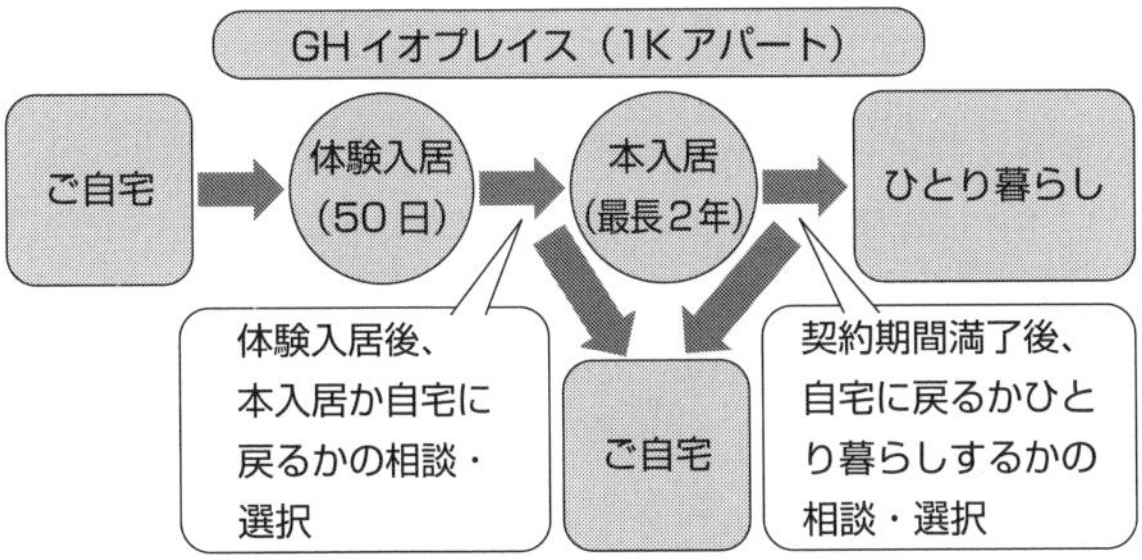

図１　サポートホーム事業の流れ

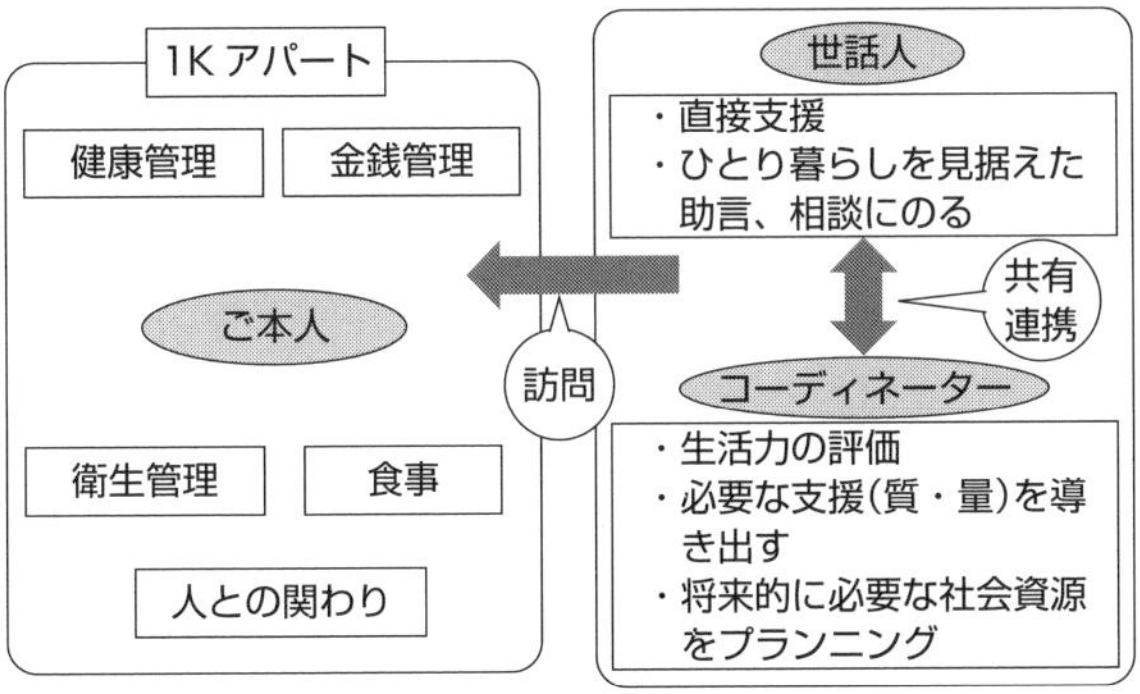

図２　イオプレイスでの暮らしのイメージ

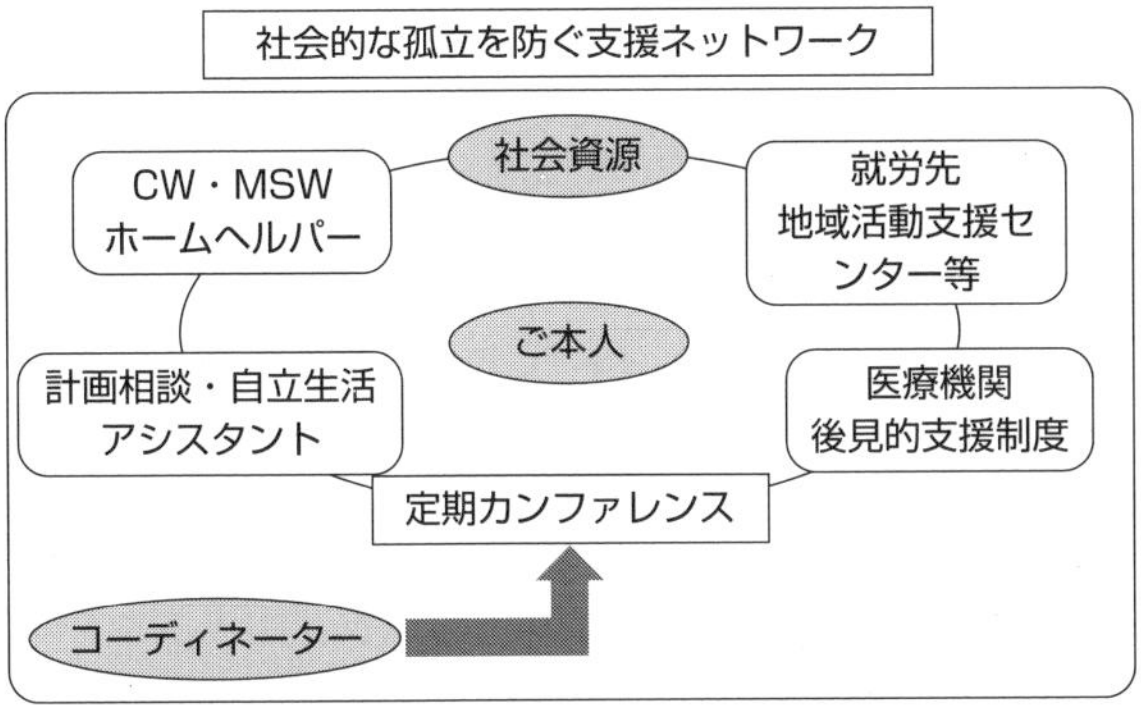

図３　地域でのひとり暮らしへ<イメージ図>

表1　事業対象者

	年齢	学歴	障害名	手帳	日中の所属先
Aさん	20代	大卒	アスペルガー障害	知的（B2）	地域活動支援センター
Bさん	30代	大卒	アスペルガー障害	精神（2級）	アルバイト
Cさん	30代	大学院卒	アスペルガーの疑い	精神（2級）	地域活動支援センター
Dさん	40代	普通高卒	広汎性発達障害	精神（2級）	デイケア
Eさん	50代	大卒	広汎性発達障害	精神（2級）	地域活動支援センター
Fさん	20代	大卒	アスペルガー障害	精神（2級）	地域活動支援センター
Gさん	40代	普通高卒	広汎性発達障害	知的（B2）	地域活動支援センター
Hさん	20代	大卒	高機能自閉症	知的（B2）	地域活動支援センター
Iさん	20代	大学中退	高機能自閉症	知的（B2）	福祉就労
Jさん	30代	大卒	アスペルガー障害	精神（2級）	地域活動支援センター

2 サポートホーム事業の概要

サポートホーム事業は、発達障害の人が主に在宅から、地域でのひとり暮らしを目指すための準備段階として、最長二年間、仮のひとり暮らしを経験する場である（前頁・図1参照）。暮らしの場は、グループホーム・イオプレイス（1Kアパートタイプ）とした。支援者は各部屋を訪問し、地域でのひとり暮らしに向けたスキルアップ、相談、アセスメントをおこない、その準備から地域移行後のフォローアップまでをおこなっている（前頁・図2、3参照）。

サポートホーム事業の対象者はモデル事業時を含め表1の通りである。また、入居の条件として、横浜市在住であり、就労または日中の活動場所に安定的に通えている発達障害の人を対象としている。

3 サポートホームでの関わり

(1)「折り合い点」を設ける

共同生活とは異なり、ひとり暮らしとなると、たとえば、食事・入浴・就寝など何時からという決まりがない。人と合わせる必要が基本的にはないため、これが正解というライフスタイルは本人が決めていくことになる。生活に偏りがある場合には、健康面、衛生面などの視点から支援者の考えを提案していく。本人、支援者どちらが正解ということではなく、本人の考えや行動を否定しないかたちで支援者が提案をすることで「折り合い点」を設け、望ましい状態に近づけていくことを関わり方のベースとしている。

(2)介入のための「三つの視点」

サポートホームでは、折り合い点を目標とした介入型の関わりをすることで、今は問題とされていなくても、将来的に想定される課題を抽出し「予防する」ことをひとつの目的としている。つまり、予防的であるために、問題となる前からの介入が必要なのである。ただし、支援者の思いつきや感覚で介入しないよう、以下の三つの視点をもっての関わりとしている。

一つ目は、「生活のしやすさ」である。これは、家事全般のスキルアップや、やるべきことの優先順位のつけ方、効率的な時間の使い方などを教えていくことで、生活がしやすくなるというところに繋げていく視点である。たとえば、部屋を片づけず散らかっているため、よく物をなくし混乱してしまう人に対して、何度言ってもやらない、怠けている、やる気がないと判断するのではなく、いつ・どのように・どのくらいの頻度でやればいいか知らないだけ、という視点で関わる。片づけをするという行動を具体的に教えていくことで、物をなくすことや混乱が減り、結果本人の生活のしやすさに繋げていくのである。

二つ目は、「生活の豊かさ」で、広がりのある選択肢の中から、自分の希望や意思に沿って物事を選べるように関わっていく視点である。

ここで事例を紹介したい。

大学卒業後、地域活動支援センターに週五日フルタイムで通うAさんは、PCを使ったデータ入力等、問題なくこなせるようになった。日中の安定があり、次のステップとして生活面の自立を考え、サポートホーム入居に至った。

入居初日、Aさんが夕食は自炊をしたいと希望したため、一緒にスーパーへ同行した。Aさんは、スーパーに入るなり、「肉と魚と野菜をバランスよく」と言いながら、店内を数十分回って選んだものは、ハム（肉）・しらす（魚）・キュウリ（野菜）の三つであった。Aさんは、「これで肉と魚と野菜です」とレジに向かおうとした。確かに、肉・魚・野菜であったが、私は総菜コーナーを見てみることをAさんに提案した。惣菜コーナーに行くと、Aさんはビックリした表情で、「これはいいですね」と言って、ハムを取り下げメンチカツを、しらすを取り下げ白身魚のフライをかごに入れた。

二日目、同様にスーパーに行くと、真っ先に昨日の総菜コーナーへ行き、メンチと白身魚のフライを選んで購入した。

三日目、同様にスーパーへ行くと、同じ総菜コーナーへ一目散に向かった。そこで、私は、「栄養バランスを考えた食事が大事」というAさんの〝知識としての言葉〟を受けて、野菜の入っている鶏の照り焼きを提案した。Aさんは、数秒考えた後、私の提案を受け入れてくれた。

四日目、同様にスーパーへ行くと、Aさんは、「メンチにしようか、鶏の照り焼きにしようか」と二択で迷っていた。

買い物初日に、こちらの提案を受け入れ、メニューを決めることができた。二日目には、自主的に選ぶ経験をした。三日目にまた同じものを選ぼうとしたときに、新たな選択肢の提案をし、受け入れてくれた。四日目にはこれまでに選んだものの中からの二択になった。予防的な介入がなければ、Aさんは、メンチや白身魚のフライが好きな人、こだわっている人、というレッテルをはられていたであろう。

四日目から二択になり、三択・四択……と選択肢を広げていく関わりを続けていくことで、Aさんは手ごねのハンバーグを作れるまでになった。現在はひとり暮らしに移行し三年目であるが、「お買い得商品」を見てその日のメニューを決められるまでに至っている。

三つ目は、「社会とのつながり」である。発達障害の人は、困り感の違いなどその特性から、ひとり暮らしになると社会的な孤立を招きかねない。そのためにも、家族以外の第三者との関わりを通じて、困ったときにまわりの支援者に頼る経験を、生活の場であるサポートホームで積み上げていく必要がある。また、将来的に関わる頻度は減らしても関わり続ける必要があることは明らかであろう。

4 サポートホーム事業を通じて

サポートホームでの経験が、生活する上での得意不得意や「自分を知る」機会となり、初めて自分に合った将来の生活環境を自分で選択できるようになると考えられる。一方、関わる側にとっては、経験により積み上がる部分と積み上がりにくい部分がわかることで、地域でひとり暮らしするための支援ネットワーク構築に繋げていくことができるのである。

5 教えられるものとしての「生活」

学齢期を過ぎると「生活」は暗黙のもと、すでに学び終えていると思われている節がある。学んでいない場合、「それくらい言えばわかる、できる」と思われ、できない場合は、これまでの親のしつけや本人の責任とされてしまうこともあるだろう。

発達障害の人の特性の一つに、暗黙知の学習困難があると思われる。前述のAさんは家族とスーパーに買い物に行く経験は何度もしていた。しかし、意図的には教えられてはこなかったのである。勉強や仕事と同様、「生活」も教えられてこなければ、できるようにはならないのである。勉強や仕事とは違い「生活」は、学ぶ機会が与えられにくく、学齢期から意図的に教えていく必要があることは、成人期の彼らとの関わりから教えられるところである。

〔参考文献〕

(1) 篁一誠（著）、ＮＰＯ法人東京都自閉症協会（編）『自閉症の人の人間力を育てる』ぶどう社、二〇〇九

(2) 篁一誠（著）、ＮＰＯ法人東京都自閉症協会（編）『自閉症の人の自立への力を育てる』ぶどう社、二〇一三

2 中高生から始める就労準備支援
——安定した就労と社会参加に向けて

日戸《にっと》由刈《ゆかり》

ここ数年で発達障害の人たちに対する就労支援体制は急速に整備され、何らかの特別支援教育を経た若者たちが、スムーズに就労できる例が増えている。

しかし、課題は残されている。ひとつは、特別支援教育を利用することなく、高等教育まで進んだ発達障害の人が、一般の人と横並びで就労し、職場に定着することである。早期発見・早期支援が普及し、幼児期や学齢期のうちに専門機関を利用して、こうしたコースをたどる人は、確実に増えている。

もうひとつは、特別支援教育を経て就労しても、短期間で退職を余儀なくされる発達障害の人の存在である。公的な統計がなく、一般の若者の離職率ほど社会問題化していないが、物事の理解の仕方が私たちと異なる発達障害の人たちにとっては、たった一度の失敗経験が、時に取り返しのつかない生活破綻を引き起こすという事実を、私たちは知っておく必要がある。

本稿では、架空事例を通じて、学校生活までは順調だった発達障害の人たちの就労困難のメカニズムと、その予防策について考えてみたい。

1 職場定着できず、外傷体験を負う若者たち

登場する二名は、いずれも幼児期に自閉症スペクトラム障害（ASD）と診断された。学齢期にかけて、周囲からの理解や配慮を得て、自分なりの適応術を身

につけて、中学・高校時代は充実した学校生活を送っていた。

⑴大学に進んだAさんの場合

大学三年生になり就職活動を開始したが、日々就活サイトから配信される膨大な情報に圧倒され、何も行動できずにいた。卒業間近、ネットで「あなたの個性を活かします！」というキャッチコピーを見つけ、応募した会社から内定を得た。家族に「やっていけるだろうか」とこぼしたが、「何とかなる」と励まされた。入社後すぐに、接客や電話対応でトラブルが頻発。上司からの叱責が増え、一カ月後には食欲が低下、熟睡できなくなった。三カ月後、体調不良による欠勤が続き、家族の勧めで退職した。

何をする気も起きず日中は横になって過ごし、夜は職場での失敗や上司の叱責が頭の中に蘇って眠れなかった。抗うつ薬を処方され、半年かけて、近所のスポーツセンターに出かけられるようになった。週一回得意な水泳で気分転換を図るうち、昼夜逆転は改善し、徐々に生活リズムを取り戻した。

一年後、就労移行支援事業所の利用を開始。週二回から徐々に頻度を増やしていった。二年後、精神障害者保健福祉手帳を取得し、職場体験実習を複数経験。うち一カ所に障害者雇用枠で採用され、安定した就労を続けている。

⑵高等特別支援学校に進んだBさんの場合

高校三年生のとき、教師の勧める会社で職場体験実習をし、そこで内定を得た。実習中は緊張が続き、表情も硬かったが、会社はむしろ、そんな本人の真面目さを高く評価した。教師からも「厳しいが、待遇は他より良いし、Bさんなら大丈夫」と励まされ、それに従った。

入社後、同僚が上司から叱責される場を見た翌日より、腹痛を訴えて出社できなくなった。出勤できたとしてもトイレにこもり、上司に声をかけられると泣き続けた。

その後、教師の助言で退職し、就労継続支援事業所に通い始めたが、中年男性を見ると足がすくむ。楽しみは高校時代の仲間とのカラオケ。また、高校の文化祭での仲間や教師との再会を心待ちにしている。就労継続支援事業所には、週三日安定して通っている。

2 学校生活まで順調だった人たちが就労でつまずく理由

二名は学校生活までは順調だったのに、なぜ就労でつまずいたのか。ASDの人たちが持つ、いくつかの心理学的な特性に沿って、要因を整理してみよう。

(1) 自己体験的意識の希薄さ

ASDの人たちは「自分が体験したことを、自分自身のものとして記憶にとどめること」、すなわち〝自己体験的意識〟が希薄と言われる。このため、自分で体験・実感した内容が〝自己認識〟に反映されにくく、相対的に外部情報から影響を受けやすい(1)。

二名は、就労にあたって自分の得意・不得意を認識できていなかった。現実的な自己認識を欠いたまま、メディアや周囲の言動にふりまわされ、表面的な希望や受け身な態度を身につけていたと考えられる。

さらに、焦りや不安が高まると、人の関心は極度に狭まりやすい。卒業を控え焦ったAさんは、偶然ネットで見つけた魅力的なキャッチコピーに飛びついた。実習段階で会社の厳しい雰囲気を感じていたBさんも、結局教師の言葉に従った。こうして二名は、自分にとって不向きな職場を選択してしまったのである。

(2) セルフ・モニタリング機能の不全

〝心の理論〟や〝実行機能〟など、特有の認知障害を持つASDの人たち(2)は、「自分自身の状態をモニターすること」、すなわち〝セルフ・モニタリング〟にも不全を持つ。このため、困っている自覚が持てず、人に助けを求められない場合が少なくない。二名とも、精神的に追い詰められ、顕著な身体症状や不適応行動が現れるまで、周囲のみならず、本人もそのことに気づかなかったのである。

実は二名は内定前後から、家族や教師にヘルプのサインを示している。この時点で周囲が本人の訴えをキャッチし、他の選択肢を一緒に考え、就労後の本人の様子にも注意を払えていれば、彼らは深刻な外傷体験を負わずに済んだかもしれない。しかし家族や教師は、本人の焦りや不安をタイムリーにモニターできなかった。これは、中学・高校時代に充実した学校生活を送る本人を見ることで、特別な支援や配慮の必要性をあまり感じなくなっていたからである。順調な経過

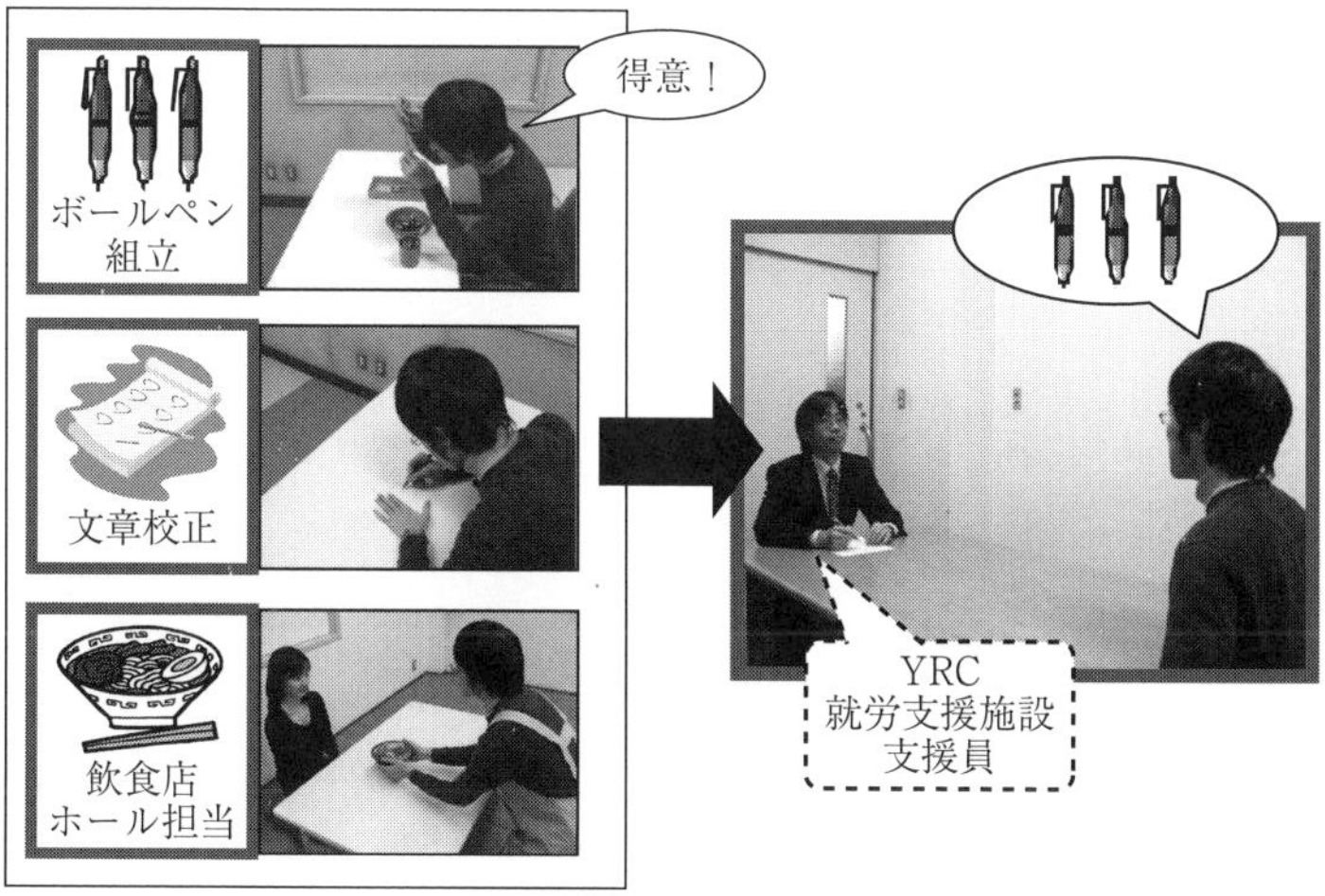

作業体験で
得意と感じた職業を選び、　模擬面接を受ける

図１　「就労準備講座」

をたどった人たちの陥穽と言えよう。

一方二名とも、職場での不適応が顕在化すると、家族や教師は無理に続けさせようとせず、退職を促した。なんとか本人のモニタリング機能を周囲が代替できたことで、彼らは生活破綻に至らずに済んだのである。

3　発達障害に特化した就労準備支援のあり方

発達障害の人たちの就労困難の予防には、彼らの持つ神経心理学的な特性への配慮や工夫が欠かせない。

(1)本人の自己認識と保護者の心がまえの促進

筆者らは横浜市総合リハビリテーションセンター（ＹＲＣ）で、発達障害の高校生・大学生とその保護者を対象に「就労準備講座」を試行した(3)。この講座ではまず、具体的作業を通じて体験・実感した内容を本人が繰り返し「人に語る」ことで、自己認識の形成・更新を促し、人に相談する基本姿勢を育てることをねらいとした（図１）。

表1　高校生と大学生の比較

		作業とふりかえりによる認識の変化	模擬面接における発言の一貫性	家族への報告内容の一貫性
高校生	A	○	○	○
	B	○	○	○
	C	○	○	○
大学生	D	—	—	—
	E	○	—	—
	F	○	—	—

○：あり、—：なし

そして保護者には、本人の状態を客観的に把握させ、〝黒子（くろこ）〟の自覚を促した。黒子は役者の主体性を尊重し、察して動く存在である。学校生活から就労への移行期にはとくに、本人に代わってモニタリングを行い、本人の話を聞いて得意・不得意の自覚を促し、困ったそのときに支えに入る、黒子の存在が重要となる。

結果、高校生は全員が、作業で体験・実感したことを模擬面接や家庭で語ることができ、一年後のフォローアップでも、折に触れ自身の得意・不得意を話題にする様子が報告された。一方で、大学生は、作業体験を経ても、模擬面接では結局全員が〝就活本〟の丸暗記のような発言をした（表1）。家族への報告はなく、一年後の変化もなかった。卒業・就職の迫った大学生は、極度の関心の狭まりや固執により、自己認識の形成・更新が高校生に比べ難しくなっていると考えられた。

このような就労準備支援は、就労が差し迫って関心が狭まる前の、できれば中高生から開始したい。そして、特別支援教育を使わず一般の高等教育に進む人たちこそ、繰り返し利用できるとよい。教育と医療・福祉が連携した、新しい仕組みづくりが早急な課題である。また特別支援教育においても、職場体験実習を通じた自己認識の形成・更新が重要なポイントとなる。横浜市立若葉台特別支援学校など、全国のいくつかの学校で、新たな取り組みが始まっている(4)。

(2)同時並行で行う、余暇活動・居場所づくり支援

発達障害の人たちへの就労準備支援は、余暇活動・居場所づくり支援と同時並行で行えれば、より理想的である(5)。米国のＴＥＡＣＣＨでの就労支援も、本人同士の「ソーシャルクラブ」とセットで取り組まれている。

先の二名も、水泳やカラオケなど家族と独立した余暇を持ち、Ｂさんは年一度の高校文化祭を大事な〝心の居場所〟としていた。余暇や居場所は人の心にエネルギーを補給する。それゆえ彼らは、外傷体験を抱えても、社会参加に向けた回復が可能であった。

発達障害の人たちの安定した就労と社会参加は、特性に応じた「社会適応の促進」と「エネルギー補給のできる心理的活動拠点づくり」という二重の支援(6)があってこそ実現し得ることを、改めて強調したい。

〔引用文献〕

(1) Lind, S. and Bowler, D.（2008）Episodic memory and autonoetic consciousness in autistic spectrum disorders. J. Boucher and D. Bowler (eds). *Memory in Autism*. Cambridge University Press, pp. 166-187.

(2) Ｕ・フリス（著）、冨田真紀・清水康夫・鈴木玲子（訳）『新訂　自閉症の謎を解き明かす』東京書籍、二〇〇九

(3) 日戸由刈・萬木はるか・武部正明他「アスペルガー症候群の人たちの就労困難に対する早期介入」『精神科治療学』二六巻六号、星和書店、二〇一一、七七九―七八七頁

(4) 横浜市立若葉台特別支援学校（Ｂ部門）『平成二五年度学校要覧』二〇一三

(5) 本田秀夫・日戸由刈（編著）『アスペルガー症候群のある子どものための新キャリア教育』金子書房、二〇一三

(6) 日戸由刈「自閉症スペクトラムの子どもの仲間づくり支援」『児童心理』二〇一三年七月号、金子書房、一〇三―一一一頁

3 雇用者と当事者をつなぐ
——互いに望んでいること

大澤《おおさわ》隆則《たかのり》

1 まず「はたらく」とはなにか

「はたらく」とは、人が生きて行く上で存在価値を客観的に他の人から与えられるものである。それは、「期待され」「自分で動き」「対価を得て」「称賛され」自分のグループへの所属感や存在感によって自己評価を上げることができる社会的に自分の存在意義を確認できる行動ともいえる。これが全部意識されていて、そろっていないと働くという文化ではなく「作業」の延長にすぎないのではないだろうか（図1）。

　後述の当事者アンケートにもあるが「生活の糧」「社会貢献」という働くというイメージが強い発達障がい者にとって「行動する」の原動力となる「自信」や「期待」と言う点が教えられておらず現場の中でどのように教えられていくのかが課題となる。

2 企業が思う「障がい者」とは

企業が思う「障がい者像」として、ほとんどは身体障害者を思い浮かべるだろう。そして「発達障がい」と聞いて「どこが発達していないのか?」「身体障がいなの?」とよく尋ねられる。社会一般ではまだまだ「発達障がいの理解」についてはないと言っても過言ではないのである。まして「見えない障害」の彼らは、企業から見ると「なんだ、普通じゃないか」と、はじめの支援のスタートポイントからボタンのかけ違いがある。

3 当事者アンケートの結果から

自分のおこなっている精神科でのグループワークのメンバーを中心に「発達障害」という診断を受けた人（二〇名）にアンケートを行った。

図１　「はたらく」とは

A　あなたにとって働くとは何だと思いますか（表１）

全体をとおして、真面目に国民の義務として就労を受け止めているが、先に出している図の中の「期待感」「自己実現」は意識されていない。これらが彼らに意識されておらず、彼らの就労をもろくしている原因ではないかと思われる。

B　発達障がい者の離職理由（表２）

ほとんどが「対人関係」「コミュニケーション」に関することである。仕事のスキル自体難しいという意見は少なく、ゆっくり教えてほしいなど、企業、支援者に提案までして頂けている。自分に対しての仕事の教え方のヒントは自分で持っていることが伺われる。このことにより「本人と話し合うこと」がとても大切であり失敗してもまた一緒に考えることができる環境作りが大切であると考える。

C　こんなことがあれば働けそう（表３）

彼らの求めている支援は「発達障がいの理解」「コミュニケーション」がほとんどで、やはりここでも仕事のスキルの課題ではなかった。彼らの返答から「理

表1　あなたにとって働くとは何だと思いますか

義務（それができない自分に負い目がある）／必要な事／分からない／生計を立てて自立するために必要な事／働いて社会貢献することです／経済的な部分はもちろんですが自分が働くことで家族が喜んでくれる／お金を稼ぐこと国民の義務の一つなのでしないという選択肢はない／生きる事、税を支払う金銭を得ること／生活の糧を得ること／働くことそのものに意味はない／必要な事／分からない／日常的な使命と生きがいを得る／生きていくための収入を得る／我慢する事、仕事で嫌なことや理不尽なことがあったとしてもそれを受け入れないと生きていけないと思うので／社会人として当たり前の生きていく為に必要な活動／やりがい、楽しさが分かってくると生きがいにもつながってくる／会社やお客さまに尽くす事／収入を得ること同時に、自分の力を誰かの為に役立てる事／「私にとって働くということは、楽しくみんなが働きながら人間関係のことを学んだり日常生活のことを自分で管理する方法を学んだりしてお金をもらえることだと思います。お金の管理も勉強できる。社会勉強にもなります」「学校や家とは違う経験ができる事だと思います。大変なこと嫌な事も沢山ありましたが「経験に勝るものなし」と言うように経験を重ねていく事は生きていく上で大切だと思います。発達障がいの特性のひとつとして想像の欠如というのがありそれを経験で補うので特にそう思います」／自分の得意なこと、できる事をして誰かの役に立ってお金をもらって自立した生活ができること。／生活に必要なもの（お金、食べ物、住む所や生活することに必要なものを得ること）社会に役立つこと、社会を良くすること（暮らしが成り立てば一人の暮らしで満ち足りる人もいるでしょうが私自身は誰かの役に立ったと実感する事がうれしいし自分の仕事が世の中を悪くしていると分かっていても平気ではいられない）

表2　発達障がい者の離職理由

人間関係に苦しんだり就労時間が合わなかったから／同僚や上司とそりが合わなかったことによる体調不良／健康上と会社の一部システムに納得がいかなかったこと／私事都合／自分に合わなかったから／対人関係／契約の満了／職域が広くなってきてしまったことと仕事が忙しくなってしまい人間関係がギスギスしてきたこと／人員整理／職種に不適格という理由／家族の病気／アルバイトの期間切れ／ちゃんとした就労経験がないから答えられない。／①ファーストフードの店員（初めての職場、何とか３ヵ月）②ビジネスホテルの客室清掃（３ヵ月）③蕎麦屋（個人）のホール＋その他いろいろ、をやったが当時通信制の高校に通っていて何かしなければと焦って学校に近いからと何も考えずに応募したがかなりきつかった。自分は、細かいところに気がいかないで体力的にもきつかった。今、思うと人間関係において「世間知らず」で「無知」な無謀な事をしていたと思う。／うつ病になったため／職場の中の人との人間関係が良くなかったことだと思います。お仕事をする時の作業のスピードが遅いと上司の方に指摘されたので、それが原因で離職しました。作業している時におしゃべりしている事も原因だと思います。／人間関係が上手くいきませんでした。仕事が覚えられないのに、はたから見れば偉そうで自己中心的なことや場違いな事（空気を読めない）と言うことが多かったからだと思います。「すみません」「ありがとうございます」の使い方が分からず相手を怒らせたりしたこともありました。今は、母親に教えてもらったので大丈夫だと思います。／４回離職しました。理由は１回目「人間関係、セクハラ」２回目「人間関係」３回目「うつ病で入院」４回目「仕事が分からなかった」／沢山離職、転職を繰り返している。職場の倒産も２度経験しています。（不安定な会社だから採用になったのかな？）しかし、圧倒的に自分の仕事のミス、遅さ、コミュニケーションのまずさが原因。直ぐに混乱し動揺して数えられなくなったりした。見通し以上に作業に時間がかかることが多い。一人で解決しようとして上手くいかず迷惑をかけた。働いていた当時は、発達障がい、アスペルガーだと自分も周りも理解していなかった。が折々に「あなたは、間違ったら気合を入れ直すだけじゃダメ。工夫が必要」「集中力はある人じゃない」などのアドバイスは、もらっていた。

表３　こんなことがあれば働けそう

残業ができたり就労時間が安定していたら良かったです。／やはり自分に世渡りの上手さがあればよかったです。／派遣業務のため、次の会社について説明の際、運転が通勤に必要なことを聞き嫌気がさし、その後に会社のシステムでももめてしまったこと。上司との関係や仕事自体でのもんだいはなかった。／何もない／分からない／人と上手に会話ができてコミュニケーションが取れる事／より良いコミュニケーション能力と努力を成果に結び付けられる力／人間関係がもう少しスムーズにいけば・・・出来る事と出来ない事がひどくアンバランスだった。／「離職」の経験はないですが自分には表現力、精神的な強さ、社交性、ひとに誇れるほどの何か（技術･経験）が必要に思います。／良く分からない。私は、とにかく外に出なければいけない。どこかに属さなければいけないという焦りと不安（危機感）だけで周りに迷惑をかけている。また、相手にされなくなってきたんだなとか役に立っていない事は自覚があったが、そもそもは、私自身の基本的スキルや生活リズムが整っていないのに焦って背伸びしていたのがいけなかったとおもう。／ＡＳＤに伴う失敗全部／お仕事が決まった時、職場の人たちが前もってお仕事をしやすいように作業の準備をしてくれていたり職場環境を障がい者の人も健常者と同じように平等にして整えてほしいなって思います。／もっと小さい頃から自分に障害があるとわかっていて（大人になって診断が付きました）ソーシャルスキルトレーニングなどの訓練を受けていれば上記に書いたようにならなかったかもしれないと思う時もあります。／障がいのことが分かってくれる人が周りにひとりでもいてくれると良かったと思う。／ゆっくりと時間をかけて仕事を覚えられる環境があると良かったと思う。／人の出入りが少なく手元に集中できる環境。最初から競争させず一定期間同じことをさせてもらい評価してくれる雇用主、上司／発達障がいの特性を理解してもらったうえで客観的に見て仕事の手順やコミュニケーションについてアドバイスをくれたり相談できる人

表４　夢の職場とはどんなところ

職場の人と上手くやれて明るい職場が良いです。／同僚や上司が自分のことをきちんと理解してくれる。／通勤に運転を必要としない。むしろ職場住み込の方が楽。業務に電話を使わない事。また、多少の人員変更があっても同社内の人員とのみでの仕事ができること。／人間関係が良好な職場（プライベートまで深入りしない）／そんな夢想はしない／自分のペースで仕事ができる職場／個性を尊重される職場／わからない／仕事が自分に合っていて人間関係がぎすぎすしていない職場／上司が障害に理解のある人が多かったら働きやすいと思う。／現実的には難しいと思いますが人間関係に惑わされることなく自分の仕事に楽しく打ち込める環境／あまり想像できない。今私がいる場所は、本当に恵まれていると思うから（就労継続Ａ型利用中）ここで働くようになってから感謝とかことばとか沢山教えてもらったと思う。（職員の方々職員のメンバーさん）ほとんど初めて集団の中でしんどくならずに自分を出して受け入れられていると感じる。／実現不可能だと思う／自分の車ではなく送迎バスや交通機関で通える所。給料は 10 万円程度。休みは週１回あればよい。ある程度写真や図があれば分かりやすい。／自分の得意な事と苦手な事を理解していてくれてその上で戦力として認めてくれる所／可愛い雑貨に囲まれて、接客のお仕事がしたいなって思っています。／パン工房ひかりみたいな可愛くておしゃれなカフェみたいなパン屋さんでパンやお菓子の製造や接客がしてみたいです。パン屋さんだけではなくケーキ屋さんでも働いています。／現在、作業所に通っています。作業所では体調が悪い時等休憩を入れさせてもらえるのでそういう所をとりいれられた職場がいいなと思っています。／ゆっくり仕事を教えてもらえる職場（ゆっくり覚えれば出来るから）／仕事が変わらない。変わる時は沢山細かく説明してくれる職場（何をやっているのか、分からなくて不安になるから）／……毎日、安心して行ける職場が夢の職場です。

解」と「アドバイス」がキーワードだと考える。本人のそばに本人を理解した相談できる人が必要だと思われる。ただ、相談者は少し現場から距離のある人が良いのかもしれない。

D　夢の職場とはどんなところ（表4）

ここでは、かなり幅のある返答が返ってきている。彼らに分かりづらい質問だったかもしれない。ただ最後の「毎日安心して行ける職場が夢の職場です」と言う返答の中にある「安心」とは何を言うのだろうか。発達障がいの方にとっての「安心」とは何か、「変わらない」「前もって説明される」「理解してくれる」というキーワードと環境を含め実際の仕事を照らし合わせる必要があると思われる。

これらの結果をＴＴＡＰ（TEACCH Transition Assessment Profile）のハードスキル、ソフトスキル、とミスジョブマッチング（表5）に分けてみた（表6・7）。

表6と表7から言えることとして離職理由で高かった「Ｂ5　対人スキル」が表7「こんな支援があれば」と「夢の職場」では低く離職理由が改善点としてピックアップされていない。これでは次回就職しても同じ理由で離職する可能性が高いことが伺われる。彼らが離職理由がわかっているのに対応策が的外れだったりすることを表している。

4 就労支援の方法の違い

就労支援の方法論としてジョブコーチの支援技術があげられる。大枠としては左記のようになる。

【Ａ 準備期】→【Ｂ 集中支援期】→【Ｃ 定着支援期】

さて、発達障がいの方は、その特性から【Ａ　準備期】における「ジョブマッチング」、【Ｂ　集中支援期】における「ルール・マナーの習得」「ナチュラルサポートの形成」にウェイトがあると思われる。知的障害者へのジョブコーチ支援とは、仕事の方法を教え、文化を教えて馴染ませてフェイドアウトを掛けていく。この点から発達障がいの人とのウェイトのかけ方が異なるのではないだろうか。なぜなら発達障がい

表５　TTAP の分類の項目

A ハードスキル	「A1 職業スキル」
B ソフトスキル	「B1 職業行動」「B2 自立機能」「B3 機能的コミュニケーション」「B4 余暇」「B5 対人スキル」「B6 移動」
C ジョブマッチングのミス	「C1 ミスジョブマッチング」

表６　「離職理由」

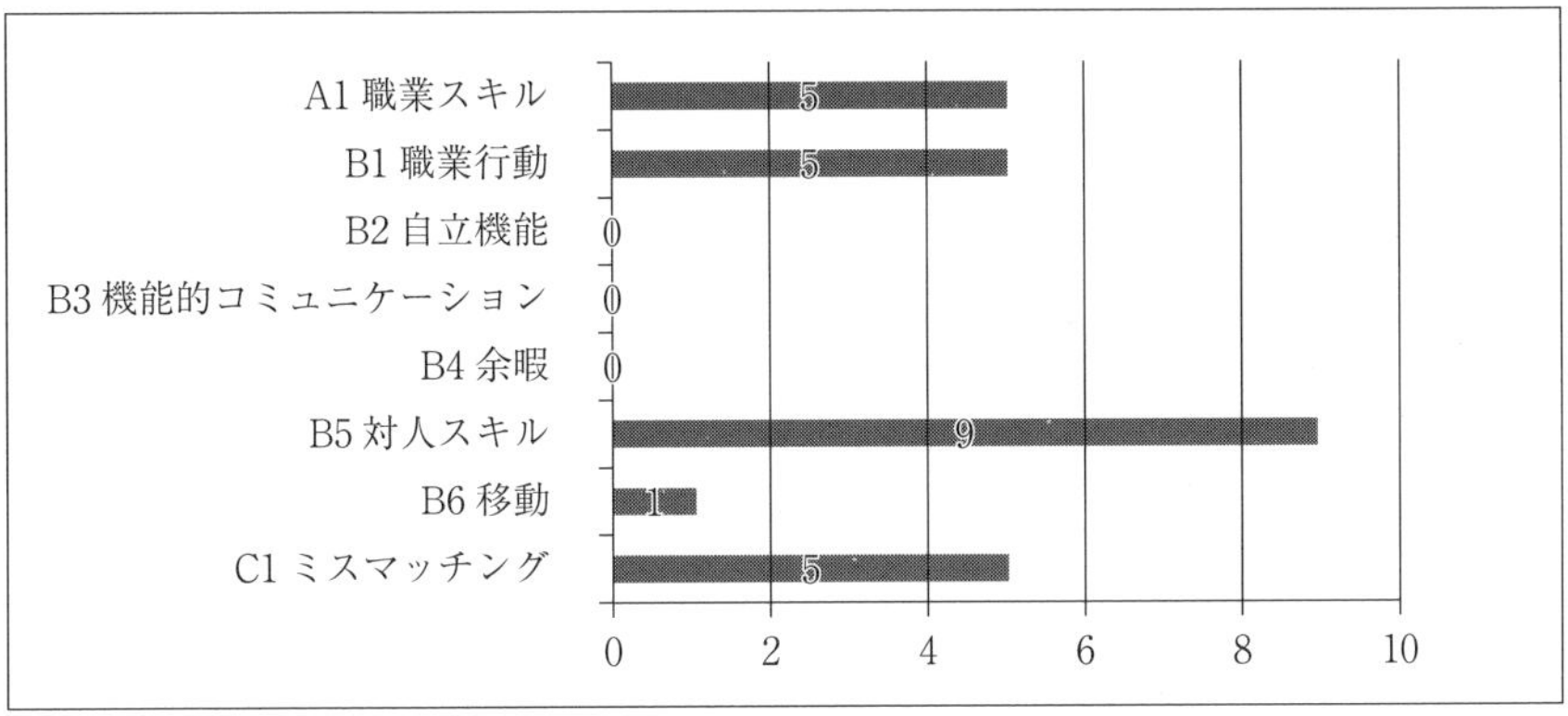

表７　「こんな支援があれば」と「夢の職場」の平均

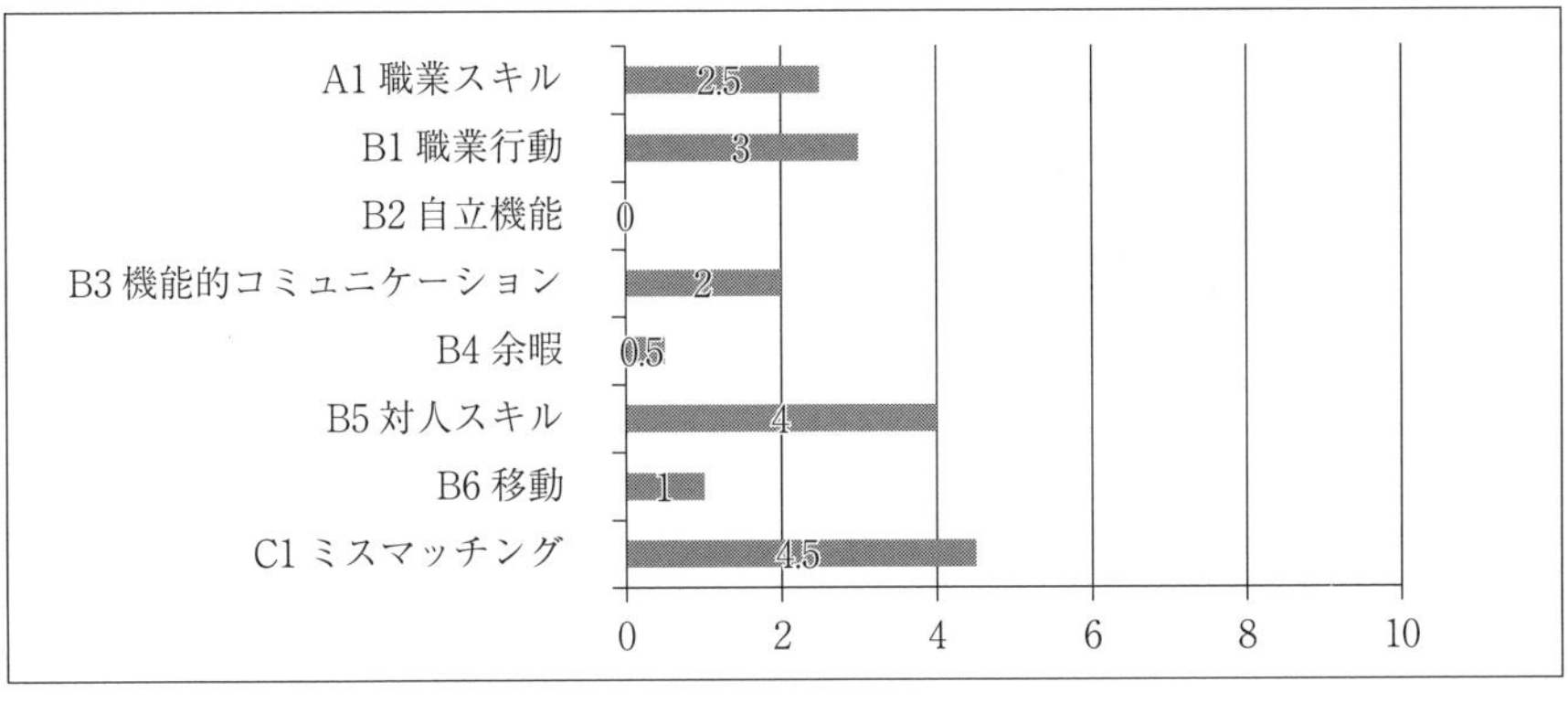

の方は、「作業」はできるのである。数回教えられればできるようになる。アンケートからも仕事の「技術」で悩むよりも仕事を支える人的環境、人間関係で悩んでいる方が多い事で分かると思われる。

A　準備期におけるジョブマッチング

ジョブマッチングの理解において、ジョブコーチは本人の好み、器用さ、得意、不得意、経験などで仕事とのマッチングを予測する。しかし、発達障がいの方の多くは自分の得意なところがわかっていなかったり未経験が多かったりしていて「できそう」「できなさそう」の予測がつかなかったりマッチングの対応がずれていることが多い。結果として「できそうだと予測した実習」で支援者の思ってもいないことでエラーが起きることがある。予測できなかったことなので、当然対応は後手にまわるのである。そして本人の言動も「支援者の○○さんが言ったからやったのに」と表現されることがあり、なおさらジョブマッチングの精度を下げることになる。

ここでのエラーはどこにあるのか。あきらかに支援者先行型のジョブコーチ支援であったように思われる。アンケートにあった想像力の欠如が特性としてあるのであれば、このマッチングをいかにリアルに体験していくかにかかってくると思われる。「体験する」「いろいろな仕事を同じスケールで評価してみる」ことが必要かもしれない。昨年、実際に発達障がいの方が就労移行支援事業所を決めてもらうことがあった。この時、同じチェックリストを用いて両方の事業所を採点し、その総合点で決めた。これが、「自分で選んだという確認できる仕組み」となり選んだ根拠となっていった。

B　集中支援期におけるルール・マナーの習得・ナチュラルサポートの形成

ここでジョブコーチは仕事場の文化を障がい者に伝えていく事になるのである。発達障がいの方にとって苦手な部分である。「その会社の社会性」を伝える時期となります。知的障害の方は少しづつ周りの従業員と慣れ親しんでいくのでジョブコーチはここを一連の流れとして確認する事ができる。しかし、発達障がいの方は意識されていない事が多く「自然に意識されること」は難しいようである。ここを意識的にできることが必要である。

また、発達障がいの方たちとの間の取り方にも気をつけなければならない。知的障がいの方たちの間の取り方ではついてきてくれないのである。戦力として発達障がいの方を雇うのであれば（そうあらねばならないが）知的障がいの方と比べ精神的な距離感を多めに取り、支援者・企業側は「転ばぬ先の杖」はしないこと、一緒に失敗し人間関係を作ることが大切だと思われる。本人の具体的なニーズに沿う事も大切である。私自身以前アスペルガー症候群の方に「大澤さんは、してほしいことはしてくれないで、してほしくないことをしてくれた」と言われたことがある。お互いのニーズを合わせてそのことがこれからどのように役に立っていくかを、きちんと丁寧に説明しないと彼らは去っていくことになる。

5 では、どうしたらよいのか

・企業の側の方々にお願いしたいこと

一見普通に見える彼らである。だからと言って彼らを理解する努力をやめないでいただきたい。そしてどうしたいかを話していただく。感情はぶつけないで説明していただきたい。曖昧な言葉は使わないでいただきたい。「こうするとこうなるよ」と因果関係は教えていただきたい。当事者は、安心して働ける企業を求めているのである。彼ら一人ひとりにとって「安心」を探し「安心できる場所」を探してあげていただきたい。「社会性を求めない」その部署で必要なことのみ教えてほしいのである。「できないよりできた方がいい」も、そのために足元が崩れていくのである（新年会・忘年会の参加や電話受けの軽減と免除など）。困っていることに気づかない人も多くいるので環境の変化にどう対応しているかを明確にしていただきたい。

・支える制度として必要と思われること

発達障がいの方が就労後、自分の生活のリズムを「就労」に合わせていくという発想が必要だと思われる。つまり自立のための生活訓練が就労前ではなく就労後に「自立訓練事業」などを使って支援されるという制度の使い方も柔軟に考えなければならない。

・発達障がいの方に伝えたいこと

自分を知ってほしい。定型発達の人も結構いけると思ってほしい。自分のリカバリー方法を誰かと話してみてほしい。企業は、ある程度の人間関係、コミュニケーションができる人を望んでいる。この曖昧な「ある程度」は企業によって違うのである。企業の人と話してみてほしい。「課題の先送り」をしないようスケジュール管理をする。好調の時のセーブ（やりすぎないこと）と不調の時の最低やることの管理（最低やることはやる）。振れ幅を小さくしておく。話のタイミングを上司と調整・確認しておく。

一番大切なことはこれらの支援が続いていくことを双方が確認になすることである。会社は、社会に対応すべく変化していくものである。この変化と対応策をきちんと整理していくことが必要である。彼らが安心して出社するために。

第7章

発達障害のある子の家族の理解と支援

1 教師が知っておきたい幼児期の療育・親支援

稲《いな》田《だ》尚《なお》子《こ》

7 成人期の発達障害の社会適応を目指して
——早期からの継続した支援の重要性

発達障害のある人々の成人期の長期予後を考えると、その中核となる症状は幼児期から成人期にかけて改善するケースは少なくない。一方、社会生活上の適応の困難さはライフステージを通じてむしろ大きくなる場合があり、彼らの長期経過は個人差が大きい。彼らの児童期および成人後の社会生活上の困難さを軽減し、社会参加を促し、生活の質（Quality of Life：QOL）を高めるための要因は何であろうか。

自閉症スペクトラム障害（Autism Spectrum Disorders：ASD）のある成人を対象として、社会参加（「職場や学校などの家庭外で、どの程度うまく参加して暮らしている、と思いますか」）とQOL（心理的および社会的領域）に関連している要因について全国調査を行った[1][2]。その結果、良好な社会参加やQOLには、四歳未満での早期診断、幼児期から現在までの継続した支援、および現在の母親のサポートが関連していることが明らかとなった。

発達障害のある人々の成人期の良好な社会適応に向けて、児童期に関わる専門家が果たすべき重要な役割は、子どもの年齢や発達に応じた支援を途切れることなく継続し、次のライフステージへとつなぐことである。また、その重要性と意義を家族に伝え、子どもに対する家族のサポートをエンパワーすることであると考えられる。

2 保育所・幼稚園における子どもの発達や行動面のニーズ

保育所・幼稚園に通う子ども全体の中には、発達や行動面に懸念がある子どもはどの程度いて、そのうちどの程度が専門家の支援を受けているのであろうか。

五歳児（年中児）を担当する保育士や幼稚園教諭（以下、保育者）を対象とした質問紙調査の結果(3)からは、発達や行動面が気になる年中児は全体の一二・一％と見積もられている。この中には、発達障害だけではなく、育児上の問題に起因した行動の問題を呈している子どもも含まれていると推測されるが、このうち、何らかの専門家の支援を受けているのは三一・六％であった。つまり、気になる年中児の大半は専門家の支援を受けていないということがわかる。気になる行動の内容（複数回答可）としては、「指示が入りにくい」（五一・九％）が最も多く過半数の子どもが該当し、次いで「多動」（四六・一％）、「目と手の協調が苦手」（三六・一％）と続いた。ほとんどの保育者は、子どもとその親への対応に困り感をもっていた。

この調査からもわかるように、幼児期には発達や行動上の問題を抱えていても専門家の支援につながっていないケースがほとんどである。この中には、小学校入学以降に支援ニーズがより顕在化してくるケースも少なくないであろう。また、症状程度が軽微で診断閾下となる子どもも含まれている可能性があるが、その場合でも発達障害のある子どもと共通した支援ニーズを抱えていることに留意が必要である。児童期に関わる専門家にとっては、これらのケースについて、子どもの実際の状態をどのように親とともに理解し、情報を共有し、個別のニーズに応じた適切な支援につなげていくかが課題となると考えられる。

3 幼児期の発達障害への支援

幼児期の発達障害への支援は、どのような機関で何が行われているのであろうか。幼児期の支援を行う専門機関としては、地域の療育センター、発達障害者支援センター、児童発達支援センター、児童相談所などの福祉機関、発達障害の診療が可能な病院・クリニックなどの医療機関が挙げられる。教育機関では、特別支援学校が地域のセンター機能を担い、幼児担当の教員を配置して支援を行っている。また、教育委員会が管轄する教育相談室などで幼児相談を行っている自治体もある。支援の内容については、「子どもの療育」、「親支援」だけでなく、「日常生活の場における子どもの支援」も重要な要素となっており、以下にそれぞれ述べる。

(1)子どもの療育

発達障害のある子どもの療育の目的は多岐にわたるが、発達の促進、問題行動の軽減、二次的な問題の予防、自尊心の維持などが挙げられる。現在、日本の多くの地域で発達障害のある子どもへの療育として一般的に行われているのは、知的障害の子どもと一緒に集団療育を受けることである。

一例(4)を挙げると、頻度は毎週一回二時間、スタッフは保育士二、三名、心理士一、二名からなり、参加児は六名から一〇名程度である。プログラムの内容は自由遊び、始めの集まり、お名前呼び、リトミック、設定遊び(サーキット、粘土遊びなど、内容は毎回異なる)、そして終わりの集まり、というようなものである。

療育プログラムは概して、実施時間数は少なく、用いる方法は折衷的で、障害や支援ニーズに特化したものではない。物理的制約のなかで、自閉症特性を考慮した環境の視覚的構造化や個別療育を取り入れたり、高機能自閉症児を対象とした療育を提供している地域もあるが、多くはないのが現状である。発達障害の子ども、特に注意欠如/多動性障害(Attention Deficit/Hyperactive Disorders:AD/HD)や学習障害(Learning Disability:LD)は、幼児期には確定診断が困難であることも、幼児期に障害特異的なプログラム実施を難しくしている要因の一つと考えられる。

しかしながら、このような療育の場は多くの場合、子ども自身が安心して過ごすことができる「居場所」として機能している。また、少人数集団の中で、スタッフの実際的な支援を受けながら、成功体験を積み重ねていくことは、子どもの様々なスキルの獲得とともに、彼らの自尊心を高めることにつながるであろう。

(2) 親支援

親支援が目指すものは、療育的な要素を取り入れた親の子育てスキル向上、子育てに対する自信回復、わが子の支援・教育ニーズの理解、それに応じた適切な環境選択ができるようになることである。同時に、わが子に支援ニーズがあるということを知って不安を抱えた親のメンタルヘルスに配慮する必要がある。

親支援の内容としては、発達障害に関する正しい知識や社会保障制度に関する情報などの提供、および子どもへの具体的な対応方法に関する心理教育、プログラム化されたペアレント・トレーニングの実践などがある。また、専門家によるカウンセリングに加え、同じ悩みや体験を持つ仲間（親）同士が対等な立場で話し合い聞き合うピア・カウンセリング、障害のある子どもを育てた経験のある親が相談相手になるペアレント・メンターによる支援なども行われてきている。

(3) 日常生活の場における子どもの支援

発達障害のある子どもの場合、療育サービスを受けていてもその頻度は週に一、二回程度であることが多く、日常生活の場として保育所・幼稚園を併用していることがほとんどである。子どもの発達相談・療育に関わる専門家は、集団生活への適応を目指して、親の同意のもと、保育所・幼稚園との連絡および連携協力を行っている。

その他に、二〇一二年の児童福祉法(5)の一部改正により創設された「保育所等訪問支援事業」が利用できる。これは、児童発達支援センターや社会福祉法人などの専門機関の専門家が保育所等を二週間に一回程度訪問し（期間は子どもの状態による）、子どもに対しては集団生活適応の訓練、施設のスタッフに対しては支援方法などの指導を行うサービスである。

また、自治体が運営する「巡回相談」では、専門知識を持つ相談員（心理士、言語聴覚士、保健師など）が定期的に園を回り、子どもの行動を分析し、発達を支援する。巡回相談の回数、方法、相談員の構成等（人数・職種）は自治体によって様々であるが、予算等の限界から、一つの園への巡回相談の回数は十分ではなく、単発的となっていることが多いのが実情であり課題ともなっている。

4 就学に向けて
——早期からの継続した情報共有と連携

発達障害のある子どもたちにとって、小学校入学は環境が大きく変化するライフイベントである。彼らができるだけスムーズに小学校生活に適応していくことができるように、専門家や親はどのような準備ができるだろうか。

発達障害のある子どもに対するライフステージを通した早期からの支援システムは、自治体によってバラツキがあるのが現状である。しかしながら、子どもとその親の支援に携わる様々な関係機関との連携協力のためのネットワークがライフステージを通して構築されてきており、そのための人員配置など体制の整備もすすめられている。また、関係者が子どもの発達経過を知ることができるように、成長記録や生活の様子、指導内容に関する情報を記録し、必要に応じて関係機関が共有できる相談支援ファイル等の活用が重視されてきている。

子どもの支援ニーズが明らかになった場合には、専門家や親は、これらの自治体の既存のシステムをうまく利用して、関係機関との情報共有をできる限り早く開始し、また定期的に行っていくことが望ましい。それにより、子どもが現在過ごしている環境への適応も促され、また、その後の継続した支援にもつながっていく。

小学校入学に際しては、就学相談を受ける場合が多く、子どもにとって適切な就学の場や時間を専門家と親が相談して決めていくことは非常に重要である。一方で、子どもの状態や支援ニーズは、年齢、発達、環境とともに変化するため、親や専門家は、現在の状態や必要と考えられる支援内容に関する情報について、就学後も定期的に共有し、見直していくことが必要である。その積み重ねが、子どもが学校生活の中で自分らしくいきいきと成長していくことを保障していくと思われる。

幼児期、児童期は子どもの状態が変化しやすく、また症状程度が軽度の場合は、親や専門家が子どもの支援ニーズに気づくまでに時間がかかることも多い。親が子どもの状態に気づき、理解し、対応していくプロセスには、様々な気持ちの葛藤や揺らぎがある。一方で、このことは幼児期、児童期に限らず、どのライフステージにおいても共通することであるとも言える。専門家は、子どもの障害や支援ニーズに対する親の気づき、感情、態度などにいつも配慮することを忘れてはならない。複雑な心理状況にある親の想いを汲み取りながら、子ども一人ひとりにとって最適な支援を途切れることなく継続していけるようサポートしていく姿勢が不可欠である。

〔引用文献〕

(1) Kamio, Y., Inada, N., Koyama, T. (2013) A nationwide survey on quality of life and associated factors of adults with high-functioning autism spectrum disorders. *Autism*, 17(1), 15-26.

(2) 小山智典・稲田尚子・神尾陽子「ライフステージを通じた支援の重要性――長期予後に関する全国調査をもとに」『精神科医治療学』二四、一一九七－一二〇二、星和書店、二〇〇九

(3) 遠藤明代、小保内俊雅、高橋秀俊、稲田尚子、神尾陽子「保育所・幼稚園における年中児の行動と発達に関する意識調査――発達障害が疑われる児の地域における就学前支援のあり方を考える」『小児の精神と神経』五三一、六七－六八、二〇一三

(4) 稲田尚子・神尾陽子「自閉症スペクトラム幼児に対する早期支援の有効性に対する客観的評価――成果と考察」『乳幼児医学・心理学研究』二〇（二）、七三－八一、二〇一一

(5) 厚生労働省社会・援護局障害保健福祉部障害福祉課『児童福祉法の一部改正の概要について』二〇一二
http://www.mhlw.go.jp/bunya/shougaihoken/jiritsushien/dl/setdumeikai_0113_04.pdf

2 学齢期の子をもつ保護者・家庭の支援

齊藤《さいとう》真善《まさよし》

1 保護者支援の目的とは

発達に課題のある子どもをもつ保護者（以下、保護者）を支援する目的は、日々の育児を楽しめるくらいに元気になってもらうことであると思う。保護者でもあった大学の恩師は「親は、わが子とどうやったら仲良くできるのか、明日の一日をどうやったら乗り越えることができるのか、そればかりを考えて過ごしているものだ」と繰り返し語っていた。わが子がその子らしく成長していく姿は保護者の望みであり、その成長に自分の働きかけが貢献していると実感できるならば、なおさら嬉しい。保護者を元気にするとは、保護者と支援者が互いに育児を共有しながら、支え合い、導き合い、認め合う中で「親」である自信をつけることなのだと思う。

2 幼児期の療育の現状

療育では、親へのアプローチが大切である。親が、日常の課題に対処できるスキルを、少しずつ身につけてもらうことが肝要である。私の住む地域ではここ数年、多くの医療機関、療育機関（児童デイなど）が増え、保護者の選択の幅が広がっている。しかしながら一方で、問題がないわけでもない。私が勤務している保健所には、複数の機関に通っているにもかかわらず、育児方法に迷い、相談に訪れる方が増えている。

どのような相談・療育を受けているのか聞いてみると、子どもを機関に預け、保護者が療育に直接参加できない場合が多いように感じる。システム化された現在の療育のあり方が「親の育ち」を保証しうるものなのか、再考する必要があるように思う。育児のスタートから、サービスを受けることに慣れてしまうと、必然、受け身な育児態度が形成されやすくなってしまうかもしれない。「どうしたらよいかわからない」と自信が持てなくて悩む保護者が増えている状況と、以上のような療育の状況は全くの無関係とは言えないのではないかと思う。「親としての育ち」には、自分の持ちうる能力を最大限に生かして子どもと関わった経験と、その過程を通じて一貫した他者のまなざしが必要なのである。その場その場を乗り切ったというだけの断片化した育児のエピソードの集積からは、「この子の親である私」は生まれにくい。

保護者が、幼児期の育児を通して自分なりの理解の仕方、育児方法を身につけて、その上で学校というものを対置して、互いの役割を考えることができるようになっていなければならないのであるが、一部の療育・育児の状況から鑑みるに、むしろ保護者は混乱を抱えたまま、入学を迎える場合が少なくないのではないかと危惧している。

3 学校で孤軍奮闘する子どもの姿から感じること

数年前。自閉症スペクトラム障害と診断された小学四年生A君の授業を参観する機会があった。A君は、授業の進め方に含まれる担任の意図を理解できず「先生の授業は、何をしたいのかわからない！」と、毎時間飛び出してしまうのであった。私も飛び出す場面を実際に見ながら担任の苦労に共感しつつも、その一方で「この子は案外懸命なんだな」という感想を持ったことを覚えている。A君は勉強が好きで、真面目に授業に臨んでいるのである。その証拠に、どの授業でも最初は必ず席に座っていて、私語もなく担任の説明に耳を傾けている。しかしながら、A君は担任の意図がうまく読めないので、担任の言動を、無視・妨害としか受け止められず、どうにも感情をコントロールできずにやむなく教室を後にしているわけである。

驚いたことに、このA君、家庭では大人しくて困っていないのだという。学校と家庭の状態像があまりにも違っていて、話がかみ合わなくて困っていると担任はおっしゃっていた。

最近、小学校の教育相談をしているとこのようなケースに出会うことがある。このようなケースとは、学校もしくは家庭、どちらか一方では適応している（ように見える）けれども、もう片方ではA君のように暴れたり、逆に元気がなかったりするようなケースである。どちらかの環境では適応できているということは、少なくとも「一つの枠組み」は身につけているということである。問題は、身につけた枠組みを相対化する段階でつまずいていると考えることができるかもしれない。簡単に言えば、「様々な他者（＝複数の枠組み）に合わせる」経験の不足である。幼児期の親子一体の状態から、自他が適度な距離をもって区別された状態への移行が不十分なまま入学を迎えると、子どもは頼るべき枠組みが突然増えたように錯覚し、混乱するのかもしれない。A君の言動の背後には、多様な枠組みを含む社会で生きるための準備が不十分である印象を受けた。

4 対話の効用

ある成人当事者が学校時代を振り返り「まるでガラスの檻に入っているようでした。周囲の様子を見聞きすることができるのに、関わろうとすると見えないガラスの壁に阻まれ、拒否されるのです」と語った。この成人当事者の語りの内容とA君のエピソードが私には重なって見えた。ガラスの壁を「見えないもう一つの枠組み」と置き換えると、保護者はもう一つの枠組みの存在を幼児期から意図的に伝え、枠組みが矛盾した場合の折り合いのつけ方を、対話を通して教えることが必要である。

5 親子を対話させるための支援

入学を一年後にひかえたB君は、年長になってトラブルが増えた。遊びがしつこくなってしまって嫌がられるのであった。普段はやさしいB君が、なぜ相手を困らせるくらいにしつこくなるのか、この点が保護者の納得しづらい点であった。

私は保護者がこれまでもっていた枠組み（価値観、

解釈）をいったん保留して、今一度、B君と対話をしてほしいと提案してみた。具体的にはB君から事実だけを聞き出すようにとお話しした。それから数日間、保護者が幼稚園の出来事を丁寧に聞き取ったところ、B君の捉え方がだんだんとわかってきたと報告があった。保護者曰く「どうやらBは、相手の微妙な表情の変化や遠回しな表現を理解できていないようです」とのことだった。その後の相談場面でも「やっぱりそうです。相手がはっきりと『もうやめようよ』とか、泣きだした場合は、すぐにやめるんです。やはり微妙な表情を読むということが難しいんだと思います」と、先日の自分の推測を確かめるように話した。私は保護者が立てた仮説を大切にすることにして、時間はかかるかもしれないけれども、表情に注目させる工夫をしてみましょうと提案した。すると保護者はまず、いろいろな表情のイラストを作成し、それぞれの絵に番号を割り振ったものを、自宅の居間に貼り出すことにした。客観的な基準が明確になったからであろうか、B君は毎日、幼稚園で出会った友だちや先生の表情を報告し始めたのである（ただし、番号で）。次第に、B君と保護者は表情について語り合うことが習慣となっていった。

　表情の意味を言語的にだいぶ理解できるようになったとき、私は次のように保護者に追加の提案をした。「表情の解釈は一つだけではないので、時々、B君とは違うお母さん自身の解釈を対立的にぶつけてみてください。B君は同意してくれないお母さんに不満をもつかもしれませんが、粘り強く対話してください。綱引きみたいに」と。保護者は少し心配そうだったが、それまでに何カ月も丁寧に対話してきたことが信頼感となったのだろう、別の解釈を提示してもB君は怒ることなく「ふーん」と聞き入れたようである。

　そしてさらに数カ月後のある日、B君は帰宅してすぐに「お母さん、大発見だよ。世の中の人って普段は無表情だ。知ってた？　ところでお母さん、無表情の人にも気持ちはあるの？」と尋ねたそうである。保護者が「気持ちはいつもあるのよ」と答えたところ、「そうなのかあ……」と初めてその事実を知ったかのように一人考え込んでいたそうである。そしてこの日を境に、園でのしつこい関わりが少しずつ減少していき、卒園までにはトラブルはほとんどなくなっていった。相手の表情の裏にある気持ちを正確に推測できな

くとも、自分とは違う気持ちがそこにあるということを、知覚経験（表情）に固定化されることなく想像できるようになったことがよかったのかもしれない。

この相談から学んだことは「一義的な解釈から多義的な解釈へ」（表情をめぐる解釈の対話）と「見えるものから見えないものへ」（無表情の背景にある心の存在について対話）について、幼児期から意識してアプローチしておくことの重要性である。対話を始めてからB君は、理解できない状況で怒る（戦う）のではなく、質問（交渉）するようになった。また周囲を警戒するようなピリピリした表情に代わって、好奇心をもった内省的で落ち着いた表情が見られるようになった。入学後も課題がいくつもあったけれども、そのたびにこの親子は対話を積み重ね、小学三年生になった現在は、落ち着いている。

保護者の側に立って考えるならば、知覚しえるもの、ことばにできうるものがすべてであると信じていたB君に、心の多様性と想像の自由を気づかせるに至ったこの育児経験は、「私の力でこの子を育てられる」という自信を身につけることに役立ったと考えられる。

専門家との関わりを通じて、親が自力で育児できるように導くことが保護者支援の本質なのだと思う。専門家に依存するのではなく「あなたに相談しなくても自分でやれるから大丈夫」と軽やかに立ち去っていく相談が望ましい姿なのではないかと思う。

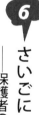

6 さいごに
——保護者の生育歴的問題について

困難な育児は、保護者の生育歴的問題を顕在化させることがある。保護者が身につけてきた価値観と、子どもから突き付けられる課題が対立する場合は、特に葛藤が多い。しかしながら、保護者支援（育児支援）においては、葛藤に入り込むよりも、現実的な問題を協同解決する中で、安心感や達成感をもてるように支えていくことが望ましいと考える。

B君の保護者は、自身の親子関係（祖父母との関係）において長年の課題があり、自分を抑え込んで他者の価値観に過剰適応することでしか人間関係を築けないと悩んでいた。自分の感情・考えを相手に伝えると関係が切れてしまうのではないかという不安を常に抱えていたのである。このことはわが子に対しても例外ではなかったと思う。この保護者が、対立する解釈を、わが子に提示するには大変な勇気が必要だったに違いない。

育児を通して成長するのは、子どもだけではない。親も成長するのである。否、むしろ親の成長があってはじめて、子どもも成長するのだと思う。生育歴的課題にいかに重要な事柄が含まれていようと、それは過去の事柄であり、過去の事柄に保護者の意識・時間を留めてしまうと、「今、ここ」に生きる子どもとの関係性が副次的になってしまう恐れがある。生育歴的課題を抱えている保護者が「わが子と共に新しく生き直してみよう」と肯定的な解釈ができるように、相談者は親子に与えられた関係性の「意味」を見出す作業に努力を積み重ねるべきである。

適切な支援とは、保護者と相談者の間主観的協働から生まれる新たな生き方の提案である。客観的な評価方法や実証された支援方法は、もちろん重要であるが、育児や親子関係の問題は、はるかに複雑で主観的な事柄であることを忘れてはならないと私は思う。相談者自身も関係性の中に位置し、わが事としてとらえながら関与することが大切である。

親が育つためには、その親子を抱きかかえるような大きな「親」の存在が必要である。先に苦労の中を通り、次の世代にその通り方を示しえる者が必要なのである。わが事として捉えてくれる「親心」に触れるときに初めて、親は子どもと向き合い、自分の手で育てようという意欲＝元気をもつのだと思う。そのような世代間の縦の助け合いの関係をどのように構築しうるか、日々の臨床実践の中で、これから考えていきたいと思っている。

3 発達障害児のきょうだいへの支援

田倉《たくら》さやか

1 はじめに

読者の皆様は、発達障害児のきょうだいへの支援と聞いてどのようなことを思い浮かべるだろうか。障害のある子の支援を考えたとき、きょうだいの存在は本人や保護者の陰に隠れて表に出てくることはない。しかし、同じ家族の一員としてきょうだいもさまざまな思いを抱えている（本稿では、混乱をさけるために、発達障害のある子を「同胞」、その兄弟姉妹を「きょうだい」と記す）。

2 きょうだいの思い

筆者は、小学生から大学生までのきょうだいの支援に関わっている。参加者から聞いたエピソードとして、たとえば、家族で食事に出かけようとしても、同胞に偏食があるためいつも決まったところにしか行けない、同胞が行きたいところに付き合わされるといったことはよく聞かれることであり、同胞がパニックになり、近くにいたきょうだいが叩かれたりするといったことも少なくない。「（障害のある）お兄ちゃんはできなくても仕方ないけれど、あなたはできるのだから」、「（障害のある）妹の分までがんばりなさい」と親や親戚から言われて納得できなかったというエピソードもしばしば聞かれることである。また、学校で同胞がいじめられているのを見てしまった、同胞が特別支援学級に在籍していてそのことを同級生からからかわれるといったことも残念ながら耳にする。

このように、児童期のきょうだいが感じやすいこととして、同胞のこだわりやパニックに巻き込まれて被害にあう、一方的に我慢をさせられるといった同胞との関わりの中で感じる怒りや困り感や、親の関わり方の違いに対する不満、周囲に対する怒りや不安感などがあげられる。発達障害の場合は、身体障害や知的障害の中に多いダウン症などと比べて診断の時期が遅れ支援につながるまでに時間がかかるため、家族全体が大きなストレスにさらされていることが多い。とくに、同胞の攻撃的な行動やパニックが頻発しているような状況にあると、きょうだいにも情緒的な問題が生じる場合も少なくない。

米国で、さまざまな障害のある子どものきょうだい支援を続けてきたマイヤーとヴェイダシー[1]は、きょうだいには特有の悩みがあることを示している（表1・次頁）。もちろん、こうした特有の悩みには、同胞の障害の種別や程度、親の養育態度、きょうだいの性別や出生順位、家庭の経済的な環境など、さまざまな要因が関係しており、すべてのきょうだいにあてはまるわけではないが、支援者としてきょうだいもこうした思いを抱きやすいことを念頭においておきたい。また、最近では、きょうだいがどのような気持ちを抱いているか、きょうだいの当事者が書いた本なども出版されており、そこには、きょうだいのさまざまなエピソードが紹介されている[2]。

こうした悩みをもちながらも、実際には「いい子」でいるきょうだいは多い。クラスの中でも頼りにされる存在となったり、教師から信頼されるということも少なくないだろう。先に、きょうだい特有の悩みをあげたが、きょうだいは幼少期から同胞と関わり、さまざまな役割を果たす中で、精神的な成熟や、洞察力、人に対する思いやり、忍耐強さ、誇り、権利擁護意識といったものを身につけていくことができるともいわれている。きょうだいは、きょうだいなりに同胞との関わりでさまざまなことを感じ、学び取っているのである。

しかし、「いい子」であることは支援が必要ないということではない。「いい子」であることを期待され

表1　特有の悩み（Meyer & Vadasy, 1994[1]）

過剰な同一視	自分も一緒に生活していたら、同じ障害になるのではないかといった心配。特に、「同胞」の障害が軽度で分かりにくい場合や、弟妹のきょうだいに多い。
恥ずかしさ、困惑	「同胞」の外見や言動により周囲からじろじろ見られて恥ずかしい思いをしたり、「同胞」のことを聞かれて、どう答えてよいかわからず戸惑ってしまう。
罪悪感	「同胞」の障害の原因が自分にあると考えたり、自分に障害がないことや健康であること、また「同胞」に悪口をいったりけんかをすることにも罪悪感を感じてしまう。また成人期でも、兄弟姉妹の世話をしないことへの罪悪感を感じる。
孤立、さびしさ	親が「同胞」にかかりきりになり、親の関心が得られなかったり、病院への付き添いや留守番などにより同年代のともだちと遊べないことで孤独感やさびしさを感じる。また、成人期でも悩みを誰とも共有できず、孤立してしまうこともある。
憤り、怒り	親が障害のある「同胞」のことばかりになり、過保護にする一方で、きょうだいには過剰な要求をする時などに、怒りを感じることが多い。また、成人期になっても、親が将来のことについて、きょうだいを抜きにして考えてしまうといったことにも怒りを感じる。
増える負担	特に弟妹に障害がある場合の女性のきょうだいが、「同胞」の世話をしたり家の手伝いをすることが多く、過剰な責任感を持ちやすい。
達成へのプレッシャー	障害のある「同胞」ができないことも頑張ってやり遂げなければいけない、親の期待にそわなければいけないというプレッシャーを感じてしまう。
正しい情報の欠如	「同胞」の障害に関することに対して正確な情報が得られず、不安になる。また、将来「同胞」の面倒を見ていくのか、子どもに遺伝しないかといった、不安も抱く。

て、「いい子」でいることもあれば、そうすることで親からの評価を得ようとすることもある。

当然のことであるが、きょうだいは、親よりも長く同胞と関わることになる存在である。大人になっても同胞を見守る存在は必要でありその役割を果たすものとして期待もされる。大学生になったきょうだいも、付き合う相手に同胞のことを理解してもらえるか、「親亡き後」をどうするか、就職も実家から近いところで考えた方がよいか、などさまざまな思いを抱えている。親が「あなたは考えなくてもよい」と言ったとしても、同じ家族として考えずにはいられないというのが実際である。児童期だけでなく、きょうだいは、自分の人生の節目で、同胞や親のことを考えている。

きょうだいも、一見問題なく見えていても、親と同様に日々の生活のなかで、戸惑いや不安を抱えていることも多く、親が気持ちを共有できる場が必要とされるのと同様に、きょうだいも自分の思いが受けとめられる機会が重要である。

3 きょうだい支援の実際

それでは、どのような支援がきょうだいに必要なのだろうか。親や当事者への支援と比べると、きょうだいへの支援は、実際の取り組みも、支援の効果に関する検討についてもまだまだ不十分といえる。しかし、これまで草の根で行われてきた取り組みが少しずつ広がり、最近では専門家が関わりながら学術的にも検討されるようになっている。

直接的なきょうだい支援としては児童期のきょうだいへの支援が多く、きょうだい同士が集まり、それぞれの思いを素直に表現しても非難されず受け止められる場でレクリエーションや創作活動を楽しんだりする取り組みや、きょうだいの発達段階に応じて同胞の障害について理解し、具体的な対処法を考える取り組みなどがある。

障害の理解に関しては、障害に関する正しい情報が不足していて誤解をしていたり、否定的な捉え方をしている場合もあるため、年齢に合わせた説明が必要になる。筆者は、図1のようなワークブックを利用し、参加者の日常での体験を聞きながら、同胞のさまざまな姿についてどのように捉えていけばよいか、困ったことが起きたときにどう対応すればよいかを話し合うようにしている。

参加しているきょうだいの様子を見ると、自然と他の参加者も自分と似たような同胞がいるということを感じとっており、同胞から離れて存分に休日を楽しみ、なおかつスタッフに見守られ、ありのままを受け止めてもらえることで、支援の場が「特別な時間」となっているようである。また、「自分は一人ではない」と感じられたり、同胞に対してどのように関わればいいか、他のきょうだいはどうしているかを知ることで、安心できるということもある。

もちろん、支援のあり方は、きょうだいの年齢に応

図1　きょうだい向けワークブック『わたしはわたし　ぼくはぼく』
(NPO法人アスペ・エルデの会発行)[3]

じて変えていく必要がある。幼少期には、きょうだいへの直接的なアプローチよりも、親がきょうだいに目を向け、きょうだいとの個別の時間をもてるよう働きかけていくことが必要になる。また、青年期・成人期になればきょうだい同士が互いの思いを語り合ったり、障害者支援に関する情報交換をする場の提供が必要になる。

筆者が支援の中で大事にしていることは、同胞と自分を区別して考えていけるようになること、自分自身を大事に思えるようになることである。常に同胞のことを気にしているきょうだいが多く、自分がどうしたいかを表現することが苦手な子どもも少なくない。支援の場では、自分自身の気持ちにも目を向けてもらえるように、自己表現の場も多く設定する。

また、「(障害のある) 兄弟姉妹のことは、親や先生にまかせていいときもたくさんある」こと、「できないこと、したくないことはそう言ってもよい」ことについては折に触れて話すようにしている。たとえば、学校生活の中で、同胞がパニックに陥ったときの介入をきょうだいが行っているということもしばしば耳にする。きょうだい自身も、周りの目を気にしていやだと思いながらもそれが言えず協力している場合もあれば、はなからそうするものだと思っている場合もある。しかし、どちらにしてもこうしたことは本来きょうだいが関わる必要のないことが多く、きょうだいには、きょうだい自身の生活を保障していく必要がある。きょうだいには、「いやだといってもよいこと」「困ったことがあれば親や先生に相談すること」が大事であることを伝えている。きょうだいには〝きょうだい〟でいなくてもいい時間が必要で、そうした時間を確保し、保障していくことがきょうだいへの支援になるといえる。

一方で、きょうだいが同胞のことを肯定的に受け止めていけるようになるためには、同胞と日常的に関わっていることが重要でもある。関わってこそわかることがあり、受け止められることがあるからである。大変なことも多いが、同じ家族の一員として同胞とともに過ごす時間は大切である。

きょうだい支援は、関わる支援者や親が、まずきょうだいの存在、きょうだいの思いにしっかりと目を向けることから始まる。それが支援の大きな一歩でもある。そこで、「障害のある○○ちゃんの兄弟姉妹」という視点ではなく、一個人としてのきょうだいの生き方を尊重していくことが何よりも重要である。

〔引用・参考文献〕

(1) Meyer, D., & Vadasy, P. F. (1994) Sibshops: Workshops for siblings of children with special needs. Baltimore, M. D.: Paul, H. Brookes.

(2) 白鳥めぐみ・諏方智広・本間尚史『きょうだい――障害のある家族との道のり』中央法規出版、二〇一〇

(3) 田倉さやか『わたしはわたし　ぼくはぼく』アスペ・エルデの会、二〇〇七（詳細は http://www.as-japan.jp/eccube/products/detail.php?product_id=34）

著者紹介（執筆順）

萩原　拓　はぎわら・たく　編者・北海道教育大学旭川校特別支援教育分野教授

内山登紀夫　うちやま・ときお　よこはま発達クリニック院長・大正大学教授

鈴木勝昭　すずき・かつあき　浜松医科大学精神医学講座准教授

黒田美保　くろだ・みほ　名古屋学芸大学ヒューマンケア学部教授

梅永雄二　うめなが・ゆうじ　早稲田大学教育・総合科学学術院教授

吉澤　純　よしざわ・じゅん　独立行政法人高齢・障害・求職者雇用支援機構福岡支部 福岡障害者職業センター所長

小林真理子　こばやし・まりこ　山梨英和大学人間文化学部教授

片岡　聡　かたおか・さとし　NPO法人リトルプロフェッサーズ代表

綾屋紗月　あやや・さつき　東京大学先端科学技術研究センター特任研究員

田中裕一　たなか・ゆういち　文部科学省初等中等教育局特別支援教育課特別支援教育調査官

辻井正次　つじい・まさつぐ　中京大学現代社会学部教授

安達　潤　あだち・じゅん　北海道大学大学院教育学研究院臨床心理学講座特殊教育・臨床心理学教室教授

尾崎ミオ　おざき・みお　編集ライター・東京都自閉症協会副理事長

水間宗幸　みずま・むねゆき　九州看護福祉大学社会福祉学科専任講師

岡田則将　おかだ・のりまさ　北海道東神楽町立東聖小学校教諭
近藤幸男　こんどう・ゆきお　神奈川県横浜市立鴨志田中学校主幹教諭
中野育子　なかの・いくこ　札幌こころの診療所院長
本田秀夫　ほんだ・ひでお　信州大学医学部附属病院子どものこころ診療部診療教授
川俣智路　かわまた・ともみち　大正大学社会心理学部専任講師
藤野　博　ふじの・ひろし　東京学芸大学教育学部教授
加藤浩平　かとう・こうへい　東京学芸大学大学院連合学校教育学研究科博士課程・編集者
川上ちひろ　かわかみ・ちひろ　岐阜大学医学部医学教育開発研究センター助教
浮貝明典　うきがい・あきのり　NPO法人PDDサポートセンターグリーンフォーレストサポートホーム事業コーディネーター
日戸由刈　にっと・ゆかり　横浜市総合リハビリテーションセンター臨床心理士
大澤隆則　おおさわ・たかのり　石狩市相談支援センターぷろっぷセンター長
稲田尚子　いなだ・なおこ　日本学術振興会特別研究員・東京大学大学院教育学研究科
齊藤真善　さいとう・まさよし　北海道教育大学札幌校障害児心理講座准教授
田倉さやか　たくら・さやか　臨床心理士

編著者紹介

萩原　拓《はぎわら・たく》

北海道教育大学旭川校教育発達専攻特別支援教育分野教授。米国カンザス大学教育学部特殊教育学科博士課程修了、Ph.D.（Special Education）。米国カンザス大学教育学部特殊教育学科自閉症・アスペルガー症候群研究プロジェクトコーディネーターおよび非常勤教員を経て、現職。専門は特別支援教育（発達障害）。臨床発達心理士。ライフステージを通した、自閉症スペクトラム障害をはじめとする発達障害に関する研究、アセスメント、包括的支援、支援者・専門家養成に携わる。

おもな著書に、『発達障害がある子のための「暗黙のルール」』（監修、２０１０年、明石書店）、『自閉症百科事典』（監修、２０１１年、明石書店）、『自閉症スペクトラムの青少年のソーシャルスキル実践プログラム』（監修、２０１０年、明石書店）、『日本版Vineland-II適応行動尺度マニュアル』（日本版作成、２０１４年、日本文化科学社）、『日本版感覚プロファイル』（日本版作成，２０１５年、日本文化科学社）、など。

発達障害のある子の自立に向けた支援
――小・中学生の時期に、本当に必要な支援とは？

2015年3月29日　初版第1刷発行　〔検印省略〕
2016年4月21日　初版第2刷発行

編著者　萩原　拓
発行者　金子紀子
発行所　株式会社　金子書房
〒112-0012　東京都文京区大塚3-3-7
TEL　03-3941-0111㈹　FAX　03-3941-0163
振替　00180-9-103376
URL　http://www.kanekoshobo.co.jp
印刷／藤原印刷株式会社
製本／株式会社宮製本所

ISBN978-4-7608-3260-6　C3037

● 発達障害のある子を支援するための新シリーズ、刊行スタート！

柘植雅義 監修◎ハンディシリーズ　発達障害支援・特別支援教育ナビ

新シリーズ
第2弾刊行！

発達障害の「本当の理解」とは
――医学，心理，教育，当事者，それぞれの視点

市川宏伸・編著

A5判・112頁　本体1,300円＋税

■主な内容■

発達障害の本質とは何か（**市川宏伸**）／障害のスペクトラム（連続体）という理解のあり方（**佐々木康栄、宇野洋太、内山登紀夫**）／最前線の生物学的精神医学研究から考える（**千住　淳**）／理解のための心理アセスメント（**明翫光宜**）／自閉スペクトラム症を「身体障害」の視点からとらえる（**熊谷晋一郎**）／発達心理学の観点から理解する（**長崎　勤**）／通常学級の現状を理解する（**阿部利彦**）／当事者・保護者の視点から考える「発達障害の理解」（**綾屋紗月、藤堂栄子ほか**）／子どもの「発達障害らしさ」を活かす（**木谷秀勝**）

●好評既刊！

ユニバーサルデザインの視点を活かした指導と学級づくり

柘植雅義 編著

A5判・104頁　本体1,300円＋税

【主な内容】国内外の「UD教育」の実践（川俣智路）／協同学習で取り組むUDな学び（涌井恵）／教科教育における「授業のUD」（阿部利彦）／UDの実践を支える学級経営（漆澤恭子）／実践紹介（桂聖ほか）

【今後の刊行予定】

これからの発達障害のアセスメント（黒田美保 編著）／発達障害の早期発見・早期療育・親支援（本田秀夫 編著）／発達障害支援に活かすICT［情報通信技術］（近藤武夫 編著）／発達障害のある人の就労（梅永雄二 編著）／発達障害のある子の社会性とコミュニケーションの支援（藤野　博 編著）／発達障害のある大学生へのサポート（高橋知音 編著）／ほか　※タイトルはいずれも仮題です

金子書房

※定価は2015年３月現在のものです。

特別支援教育
実践のコツ
金子書房

発達障害児者支援と
アセスメントのガイドライン
金子書房